MySQL 实验指导

韩培友　董桂云　编著

浙江工商大学出版社
ZHEJIANG GONGSHANG UNIVERSITY PRESS

图书在版编目(CIP)数据

MySQL实验指导 / 韩培友，董桂云编著. — 杭州：浙江工商大学出版社，2012.8

ISBN 978-7-81140-582-8

Ⅰ. ①M… Ⅱ. ①韩… ②董… Ⅲ. ①关系数据库—数据库管理系统 Ⅳ. ①TP311.138

中国版本图书馆CIP数据核字(2012)第193333号

MySQL实验指导

韩培友　董桂云　编著

责任编辑　郑　建
封面设计　王妤驰
责任印制　汪　俊
出版发行　浙江工商大学出版社
(杭州市教工路198号　邮政编码310012)
(E-mail:zjgsupress@163.com)
(网址:http://www.zjgsupress.com)
电话:0571-88904980,88831806(传真)
排　　版　杭州朝曦图文设计有限公司
印　　刷　杭州杭新印务有限公司
开　　本　787mm×960mm　1/16
印　　张　12.5
字　　数　240千
版 印 次　2012年8月第1版　2012年8月第1次印刷
书　　号　ISBN 978-7-81140-582-8
定　　价　25.00元

浙江工商大学出版社营销部邮购电话　0571-88804227

总　序

以计算机技术为核心的信息产业极大地促进了当代社会和经济的发展，培养具有扎实的计算机理论知识、丰富的实践能力和具有创新意识的应用型人才，形成一支有相当规模和质量的专业技术人员队伍以满足各行各业的信息化人才需求，已成为当前计算机教学的当务之急。

计算机学科发展迅速，新理论、新技术不断涌现，而计算机专业的传统教材，特别是实验教材，仍然使用一些相对落后的实验案例和实验内容，无法适应当代计算机人才培养的需要，教材的更新和建设迫在眉睫。目前，一些高校在计算机专业的实践教学和教材改革等方面做了大量工作，许多教师在实践教学和科研等方面积累了宝贵经验，将他们的教学经验和科研成果转化为教材，介绍给国内同仁，对于深化计算机专业的实践教学改革有着十分重要的意义。

为此，浙江工商大学出版社、浙江工商大学计算机技术与工程实验教学中心及软件工程实验教学中心邀请长期工作在教学科研第一线的专家教授，根据多年人才培养及实践教学的经验，针对国内外企业对计算机人才的知识和能力要求，组织编写了“计算机与软件工程实验指导丛书”。该丛书包括《操作系统实验指导》《嵌入式系统实验指导》《数据库系统原理学习指导》《Java 程序设计实验指导》《接口与通信实验指导》《MySQL 实验指导》《软件项目管理实验指导》《软件工程实践实验指导》《软件工程开源实验指导》《计算机应用技术（办公软件）实验指导》等书，涵盖了计算机及软件工程等专业的核心课程。

丛书的作者长期工作在教学、科研的第一线，具有丰富的教学经验和较高的学术水平。教材内容凸显当代计算机科学技术的发展，强调掌握相关学科所需的基本技能、方法和技术，培养学生解决实际问题的能力。实验案例选材广泛，来自于学生课题、教师科研项目、企业案例以及开源项目，强调实验教学与科研、应用开发、产业前沿紧密结合，体现实用性和前瞻性，有利于激发学生的学习兴趣。

我们希望本丛书的出版对国内计算机专业实践教学改革和信息技术人才的培养起到积极的推动作用。

"计算机与软件工程实验指导丛书"编委会

2012 年 7 月

前　言

数据库技术已经发展成为计算机、网络和信息技术不可缺少的重要组成部分，而数据库管理系统也已经快速发展成为实现数据管理的有效工具。MySQL 因为具有开放源码、易用、简单、免费、快速和稳定等优点，已经迅速发展成为研发中小型数据库系统首选的流行的开发工具。

本书使用最新的 MySQL 5.5，通过 22 个具有代表性的具体实验，详细介绍了 MySQL 的使用方法，以及基于主语言的数据库系统的实现方法。

全书由九章组成。第一章通过 Linux 下 MySQL 的安装和 Windows 下 MySQL 的安装、Windows 下 Linux 虚拟机及其 MySQL 的安装 3 个实验，详细描述 MySQL 的安装和配置；第二章通过常量和变量、函数、表达式 3 个实验，具体给出了 MySQL 的数据表达方法；第三章通过编辑数据库、编辑表结构和编辑表记录 3 个实验，描述如何创建数据库；第四章通过 2 个实验介绍了数据完整性和编辑索引；第五章通过 2 个实验重点描述了数据查询和视图设计；第六章通过 3 个实验给出了存储过程、用户函数、触发器和事件的设计过程和实现方法；第七章通过 1 个实验给出了数据库的数据备份与恢复技术；第八章通过用户与权限、事务与封锁 2 个实验介绍了数据安全与并发控制；第九章通过 VC＋＋、IDL、Java 等语言环境，利用 3 个实验进一步介绍了数据库系统的设计方法和实现技术。

本书力争通过典型的实验，巩固和理解数据库技术的理论和方法，掌握 MySQL 的具体使用方法；同时，通过 3 个应用实例，使读者熟练掌握基于 MySQL、Visual C＋＋、Java 和 IDL 的数据库应用技术，具备中大型数据库应用系统的实际开发和应用能力。

为了便于读者使用本书，作者提供了配套资料和程序代码，需要者可以登录浙江工商大学出版社网站（http://www.zjgsupress.com/）下载。

本书是作者多年从事数据库技术教学和科研的经验总结。第 1—5 章由浙江工商大学计算机与信息工程学院韩培友编写；第 6—9 章由浙江工商大学统计与数学学院董桂云编写。有关单位的同事同仁对本书的编写与出版给予了大力支持，在此向他们表示诚挚的感谢！

鉴于作者水平有限，错误与不妥之处在所难免，敬请专家和读者批评指正。

韩培友

2012 年 6 月 6 日

目　录

绪 论

众所周知,在当今知识爆炸的信息时代,计算机网络已经进入千家万户,并且发展成为21世纪人类生存的必备工具;同时,网络中的文本、图形、图像、音频、视频和动画等数据正在以GB级、TB级、乃至PB级的速度迅速增长;从而,使数据库技术迅速发展成为计算机网络和信息技术中不可缺少的重要组成部分,并且成为信息管理与信息系统的基础和核心,数据处理和分析的有效手段;同时,数据库管理系统也理所当然地快速发展成为实现数据管理的有效工具,从而科学地组织和存储数据、高效地获取和维护数据。

问题实例

如果需要统计2012年浙江省高考的语文、数学和英语等科目的平均分、最低分、最高分、不同分数段考生的人数和分布情况、考生的平均年龄、平均身高、平均体重和平均视力等。则:

(1)首先,需要分析问题涉及的数据结构,建立相应的数据模型。

(2)然后,利用数据库管理系统的数据定义语言建立相应的考生信息数据库,组织和存储数据,利用数据库管理系统的数据操纵语言获取数据、进行数据处理和数据更新。

(3)最后,利用数据库管理系统的数据控制语言,进行数据完整性控制、数据的备份和恢复、数据的安全保护和数据的并发控制等数据维护。

语言标准

结构化查询语言(Structured Query Language,SQL)是关系数据库标准语言。1974年由Boyce和Chamberlin提出,并在IBM公司的关系数据库管理系统原型上实现。SQL作为功能丰富、简单易学的语言,经过不断完善,最终发展成为关系数据库的标准语言。

(1)1986 年美国国家标准局(American National Standards Institute，ANSI)的数据库委员会公布了 SQL-86 标准，批准 SQL 为关系数据库语言的美国标准。

(2)1987 年国际标准化组织(International Organization for Standardization，ISO)通过了 SQL-86 标准。

(3) SQL 标准：SQL-1974 Boyce IBM、SQL-86、SQL-89、SQL-92、SQL-99 和 SQL-2003 等。SQL 已经成为数据库厂家推出的数据库产品的标准数据存取语言和标准数据库接口，即开放数据库互连(Open Database Connectivity，ODBC)标准。

(4)SQL 推动了数据库技术的标准化，并对数据库技术的标准化发展起到了重大作用。

流行工具

目前多个商业公司和研究机构开发了各具特点的数据库管理系统(Database Management System，DBMS)。常用的 DBMS 有：Oracle、SQL Server、DB2、MySQL、Informix、Visual FoxPro 和 Access 等。

(1)SQL Server：微软推出的非常有影响，运行非常安全稳定的专业级数据库管理软件。其数据库管理功能非常完善。由于通过它简单的操作就可以非常安全稳定地进行数据库管理，从而使得它拥有了非常高的市场占有率。目前 SQL Server 已经成为数据库领域的主流语言。但它的缺点是系统容量偏大，硬件要求偏高，价格偏高。它有以下主要特点：

①综合统一。SQL Server 集数据定义语言 DDL、数据操纵语言 DML 和数据控制语言 DCL 于一身，语言风格统一，可以独立完成数据库管理。

②高度非过程化。SQL Server 把对数据库的数据定义、数据操作和数据控制等进行了集成，从而使用户只需要关心自己要做的事情，不需要关心计算机的底层管理，具体的操作过程由 DBMS 自动完成，大大减轻了用户负担。

③面向集合操作。SQL Server 全面采用集合操作方式。SQL 的查找、插入、修改和删除等操作的操作对象均是集合。

④一语两用。SQL Server 既是自含式语言，又是嵌入式语言。SQL 作为自含式语言，用户可以直接输入 SQL 命令，以联机交互的方式独立地管理和使用数据库。SQL 作为嵌入式语言，SQL 语句能够嵌入到高级语言(例如：C 语言、FORTRAN 语言和 IDL 语言等)程序中，供程序员在设计程序时使用。SQL Server 使用一种语法系统提供两种不同的使用方式(即一语两用)，使得该语言更加灵活方便。

⑤语法简单，易学易用。SQL Server 设计巧妙、语法简捷、易学易用、功能极强。完成数据库管理的核心功能只使用了 9 个动词(Create、Select、Drop、Alter、Insert、Update、Delete、Grant 和 Revoke)。

(2)Oracle:由全球最大的信息管理软件及服务供应商 Oracle 公司研发。它是目前最流行的客户/服务器体系结构的数据库之一。它可以以结构化查询语言为基础的大型关系数据库,使用方便逻辑管理的语言操纵大量有规律数据的集合。它也是唯一一家可全面完整地实施从前台办公的客户关系管理应用到后台办公管理应用及平台基础结构,提供最完整先进的电子商务解决方案的公司。强大的电子商务能力解决方案,为企业提供了高效率的扩展市场的手段,并且提高了工作效率和吸引了更多的客户。它的缺点是:系统容量偏大,价格偏高。它有如下主要特点:

①引入共享 SQL 和多线索服务器体系结构。减少资源占用,增强能力,使之在低档软硬件平台上用较少的资源支持较多的用户,而在高档平台上支持更多的用户。

②提供了基于角色分工的安全保密管理。在数据库管理功能、完整性检查、安全性、一致性方面都有良好的表现。

③支持大量多媒体数据,如二进制图形、声音、动画以及多维数据结构等。

④提供了与第三代高级语言接口的软件,能在 C、C++等主语言中嵌入 SQL 语句,对数据库中的数据进行操纵。加上它有许多优秀的前台开发工具(如:PowerBuilder 和 Visual Basic 等),可以快速开发生成基于客户端 PC 平台的应用程序,并具有良好的移植性。

⑤提供了新的分布式数据库能力。可通过网络较方便地读写远端数据库中的数据,并有对称复制的技术。

(3)Sybase SQL Server:美国 Sybase 公司推出的多库数据库系统,包括系统数据库和用户数据库,它们均建立在数据库设备上。Sybase 数据库平台具有极高的性能、可靠性和极低的成本。它有以下主要特点:

①基于客户/服务器体系结构的数据库。一般的关系数据库都是基于主/从式的模型的。在主/从式的结构中,所有的应用都运行在一台机器上。用户只是通过终端发命令或简单地查看应用运行的结果。而在客户/服务器结构中,应用被分在了多台机器上运行。一台机器是另一个系统的客户,或是另外一些机器的服务器。这些机器通过局域网或广域网联接起来。客户/服务器模型的好处是:支持共享资源且在多台设备间平衡负载,同时允许容纳多个主机的环境,充分利用了企业已有的各种系统。

②真正开放的数据库。由于采用了客户/服务器结构,应用被分到了多台机器上运行。更进一步,运行在客户端的应用不必是 Sybase 公司的产品。对于一般的关系数据库,为了让其他语言编写的应用能够访问数据库,提供了预编译。Sybase 数据库,不只是简单地提供了预编译,而且公开了应用程序接口 DB-LIB,鼓励第三方编写 DB-LIB 接口。由于开放的接口 DB-LIB 允许在不同的平台使用完全相同

的调用，因而使得访问 DB-LIB 的应用程序很容易从一个平台向另一个平台移植。

③高性能的数据库。真正吸引人的地方还是它的高性能，即：可编程数据库、是事件驱动的触发器和多线索化。

(4)Informix：美国 IBM Informix 公司研制的关系型数据库管理系统。Informix-SE 和 Informix-Online 两种版本。Informix-SE 适用于 UNIX 和 Windows NT 平台，是为中小规模的应用而设计的；Informix-Online 在 UNIX 操作系统下运行，可以提供多线程服务器，支持对称多处理器，适用于大型应用。新数据库引擎 OnLine Dynamic Server 动态服务，可提供存储、检索、修改和删除数据的环境，目标就是使多个物理 CPU 和具有大量内存的计算机创建高性能和高稳定性的操作环境，广泛运用于银行、保险、电信、邮电等对于速度和安全性要求较高的部门。

Informix 可以提供面向屏幕的数据输入和面向设计的语言生成器。Informix 不仅可以建立数据库，还可以方便地重构数据库。系统的保护措施十分健全，不仅能使数据得到保护而不被权限外的用户存取，而且能重新建立丢失了的文件以及恢复被破坏了的数据。其文件的大小不受磁盘空间的限制，域的大小和记录的长度均可达 2K。Informix 与 Cobol 软件兼容，并支持 C 语言程序。Informix 可移植性强、兼容性好，在很多微型计算机和小型机上得到应用，尤其适用于中小型企业的人事、仓储及财务管理。

主要产品：数据库服务器(数据库核心)、应用开发工具和网络数据库互联产品。

(5)Access：微软 Office 中的数据库管理组件。虽然它的数据库管理功能比较弱，但是由于它的操作简单，价格便宜，从而使得它拥有了一定的市场占有率。

(6)Visual FoxPro(VFP)：微软推出的专业级数据库管理软件，数据库管理功能相当完善。Visual FoxPro 本身兼有嵌入式语言和自含式语言的双重身份。由于通过它简单的操作就可以开发出专业级的应用管理系统，从而使得它拥有了很高的市场占有率。它也已经成为数据库领域的主流语言之一。遗憾的是该产品已经基本退出了数据库的舞台，VFP9.0 是产品的绝唱。服务支持的最后期限是 2015 年 1 月 13 日，即 VFP 的真正寿终正寝之日。

(7)MySQL：由于 MySQL 是开放源代码，因此，任何人都可以在 General Public License 的许可下下载并根据个性化的需要对其进行修改。MySQL 因为快速、可靠和适应性强而备受关注。许多中小型网站为了降低网站总体运行成本而选择了 MySQL 作为网站数据库。它目前已经迅速发展成为研发中小型数据库系统的首选研发工具。它有以下主要特点：

①支持多线程、支持多种主语言编程接口、多 CPU、多用户。

②支持 ANSI/ISO SQL 标准。

③易用、简单、免费、快速、稳定、安全、完整、并发。

④使用 C 和 C++编写。

⑤支持 Linux、Solaris、NetWare、MacOS 和 Windows 等多种平台。

⑥使用 GNU Automake、Autoconf 和 Libtool 移植。

⑦提供 C、C++、Eiffel、Java、Perl、PHP、Python、Ruby 和 Tcl 的 API。

⑧提供事务存储引擎。

⑨使用基于 B 树的 MyISAM 存储引擎、InnoDB 存储引擎和索引压缩。

⑩经过 Purify(商业内存溢出检测器)和 GPL 工具 Valgrind 测试。

⑪与 2000 年标准兼容。

⑫支持 TCP/IP、ODBC 和 JDBC 等。

主要功能:提供 MySQL 服务器;数据库、表、视图、索引的建立、修改和删除;安全机制;完整机制;恢复机制;并发机制;视图机制;数据查询和统计;存储过程和存储函数;功能完善的语言系统(数据定义语言 DDL+数据操纵语言 DML+数据控制语言 DCL)等。

选择本书

使用最新的 MySQL,通过精选的具有代表的经典实验,详细介绍 MySQL 的使用方法,同时给出基于主语言的数据库系统的关键技术和实现方法。具体包括:

(1)通过 Linux 下和 Windows 下 MySQL 的安装,详细描述 MySQL 的安装和配置。

(2)通过常量、变量、函数和表达式的语法规则,给出 MySQL 的数据表达方法。

(3)通过编辑数据库、编辑表结构、编辑表记录等,描述如何创建数据库。

(4)通过实例介绍数据完整性和索引机制。

(5)通过关系代数和 MySQL 查询语句,重点描述了数据查询和视图设计。

(6)通过实例给出存储过程、用户函数、触发器和事件的设计过程及实现方法。

(7)通过实例详细介绍数据库的数据备份与恢复技术。

(8)通过用户、权限、事务和封锁等实例介绍数据安全与并发控制。

(9)通过 Visual C++、IDL 和 Java 等语言,进一步介绍数据库系统的设计方法和实现技术。

通过典型应用实例,巩固和理解数据库技术的理论和方法,从而掌握 MySQL 的具体使用方法,进而使读者熟练掌握基于 MySQL、Visual C++、Java 和 IDL 的数据库应用技术,具备中大型数据库应用系统的实际开发和应用能力。

适用对象

本书的适用对象主要是高等学校计算机、软件工程、计算机网络、信息管理与信息系统、物流等相关专业的学生和技术研发人员。

第一章　MySQL的安装和配置

预备知识

MySQL：是由瑞典 MySQL AB 公司（2008 年被 Sun 公司收购；2009 年被 Oracle 公司收购）研发、开放源码（任何用户均能使用和改编软件）、易用、简单、免费、快速、稳定、流行的数据库管理系统。

特点：支持多线程、多 CPU、多用户；支持 ANSI/ISO SQL（结构化查询语言）标准；功能丰富；易用、简单、免费、快速、稳定、安全、完整、并发；使用 C 和 C++编写；支持 Linux、Solaris、NetWare、MacOS 和 Windows 等多种平台；使用 GNU Automake、Autoconf 和 Libtool 移植；提供 C、C++、Eiffel、Java、Perl、PHP、Python、Ruby 和 Tcl 的 API；提供事务存储引擎；使用基于 B 树的 MyISAM 存储引擎、InnoDB 存储引擎和索引压缩；经过 Purify（商业内存溢出检测器）和 GPL 工具 Valgrind 测试；与 2000 年标准兼容；支持 TCP/IP、ODBC 和 JDBC 等。

功能：提供 MySQL 服务器；数据库、表、视图、索引的建立、修改和删除；安全机制；完整机制；恢复机制；并发机制；视图机制；数据查询和统计；存储过程和存储函数；功能完善的语言系统（数据定义语言 DDL+、数据操纵语言 DML+、数据控制语言 DCL）等。

安装准备：确定 MySQL 的运行平台；选择 MySQL 的分发版本；下载 MySQL，验证其完整性。

升级方法：获取并安装分发版；设置选项文件；选择服务器；启动服务器；初始 MySQL 账户和密码。

下载 Ubuntu　Ubuntu 11.10 的参考地址：

http://cdimage.ubuntu.com/releases/11.10/release

http://www.ubuntu.com.cn

Ubuntu 11.10 的参考文件：

Ubuntu-11.10-desktop-i386.iso
Ubuntu-11.10-dvd-i386.iso(本书选择使用的操作系统)

下载 MySQL　MySQL 5.5.20 的参考地址：

http://www.mysql.com/downloads/mysql/

MySQL 5.5.20 的参考文件：

MySQL-5.5.20-linux2.6-i686.tar.gz(本书选择使用的数据库管理系统)
MySQL-workbench-gpl-5.2.37-1ubu1104-i386.deb(本书选择使用的交互操作平台)

获取 Windows：通过如下官方网站或者代理商购买 Windows 7 光盘。

http://windows.microsoft.com/zh-CN/windows/shop

下载 VMware Workstation　VMware Workstation 8.0.2 的参考地址：

http://www.vmware.com/cn
http://www.vmware.com/products/workstation/overview.html

VMware Workstation 8.0.2 的参考文件：

VMware-workstation-full-8.0.2.exe

下载 MySQL ODBC Driver　MySQL ODBC 5.1.11Driver 的参考地址：

http://dev.mysql.com/downloads/connector/odbc/

MySQL ODBC 5.1.11 Driver 的参考文件：

mysql-connector-odbc-5.1.11-win32.msi

选择版本：源码分发版(二次开发)和二进制分发版(更易安装)。

实验一　Linux 下 MySQL 的安装

一、实验目的

熟练掌握 MySQL 的特点和功能及其在 Linux 操作系统下的安装方法。

二、实验内容

1. 安装 Linux 操作系统。

2. 安装 MySQL。

3. 配置 MySQL 服务器。

4. 启动和退出 MySQL 服务器。

5. 按照实验报告模板，撰写实验报告。

参考素材：

(1)安装 Ubuntu 11. 10。

利用 Ubuntu 11. 10 的安装光盘或者 Ubuntu_11. 10_dvd_i386. iso，按照 Ubuntu 11. 10 的安装向导，正确安装 Ubuntu 11. 10。安装完成后的界面如图 1-1 所示。

图 1-1　Ubuntu-11. 10 桌面

如果 Ubuntu-11. 10 没有汉化，则需要按照如下方法进行汉化。

①在如图 1-1 所示的 Ubuntu-11. 10 的桌面上，单击 System Settings 按钮。

②在如图 1-2 所示的 System Settings 界面上，单击 Language Support 按钮。

图 1-2　System Settings 界面

③在如图 1-3(a)所示的 Language Support 界面上，拖动灰色的“汉语(中国)”行到列表的最上面，拖动结果如图 1-3(b)所示；然后单击“Close”按钮，并关闭“System Settings”界面。

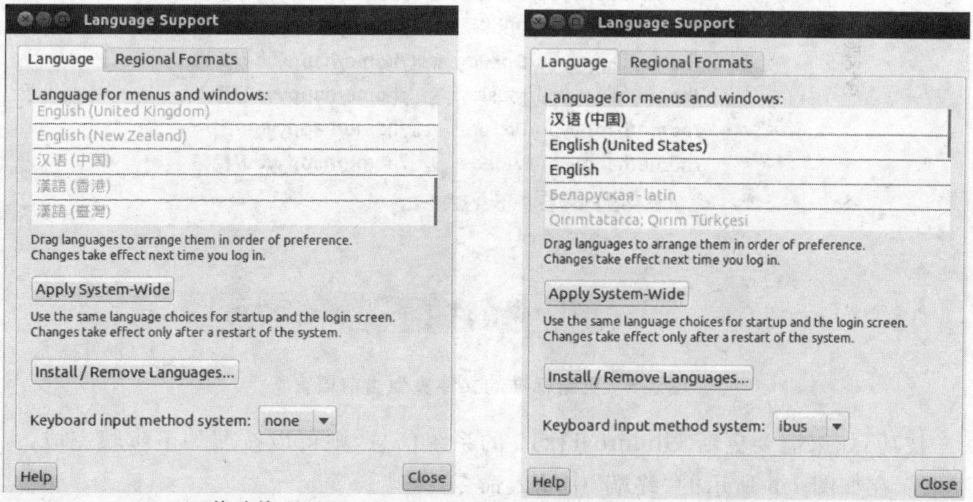

(a)拖动前　　　　(b)拖动后

图 1-3　Language Support 界面

④重新启动 Ubunto 11. 10，利用如图 1-4 所示的 Ubunto 11. 10 登录界面，在“Guest Session(客人会话)”上方的密码框中输入登录密码。

(a)汉化前　　(b)汉化后

图 1-4　Ubunto 11. 10 登录界面

⑤在如图 1-5 所示的“更新标准的文件夹到当前语言”界面中，单击“更新名称”。

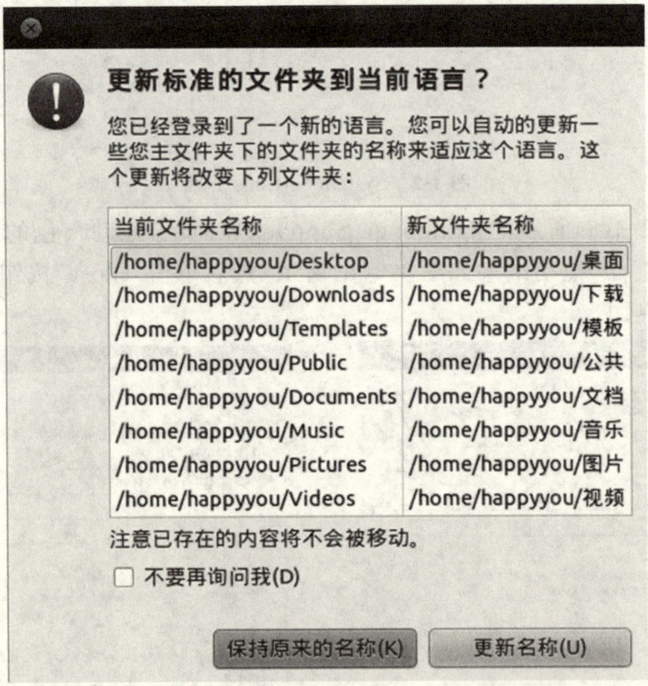

图 1-5　更新标准的文件夹到当前语言

技巧：如果需要更新 Ubunto 11. 10 的系统信息，则可以按照如下步骤完成：

① 在如图 1-6 所示的“终端”中输入命令：

```
sudo gedit /etc/apt/sources. list
```

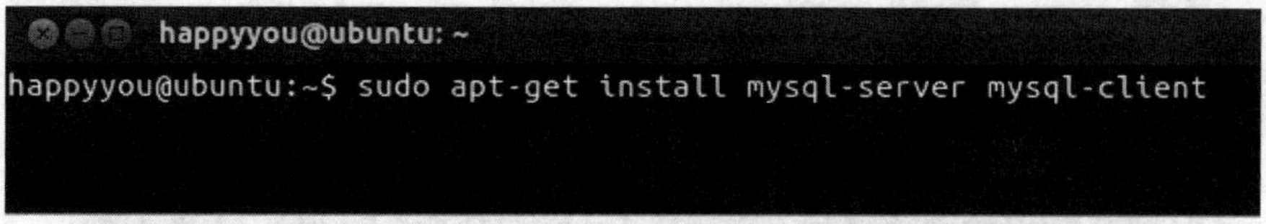

图 1-6　终端界面

② 编辑并保存文件 sources. list 的内容如下：

deb http://mirrors.163.com/ubuntu/ oneiric main universe restricted multiverse

deb-src http://mirrors.163.com/ubuntu/ oneiric main universe restricted multiverse

deb http://mirrors.163.com/ubuntu/ oneiric-security universe main multiverse restricted

deb-src http://mirrors.163.com/ubuntu/ oneiric-security universe main multiverse restricted

deb http://mirrors.163.com/ubuntu/ oneiric-updates universe main multiverse restricted

deb http://mirrors.163.com/ubuntu/ oneiric-proposed universe main multiverse restricted

deb-src http://mirrors.163.com/ubuntu/ oneiric-proposed universe main multiverse restricted

deb http://mirrors.163.com/ubuntu/ oneiric-backports universe main multiverse restricted

deb-src http://mirrors.163.com/ubuntu/ oneiric-backports universe main multiverse restricted

deb-src http://mirrors.163.com/ubuntu/ oneiric-updates universe main multiverse restricted

③ 在如图 1-6 所示的“终端”中输入如下命令，更新系统信息。

sudo apt-get update

sudo apt-get upgrade

(2)安装 MySQL 5. 5. 20。

在 Ubuntu-11. 10 系统下，安装的 MySQL 5. 5. 20 的方法如下：

① 在如图 1-1 所示的 Ubuntu-11. 10 的桌面上，单击“面板主页”。

② 在如图 1-7 所示的面板主页上，单击“更多程序”，并单击“已安装”，展开已安装程序。

图 1-7　更新标准的文件夹到当前语言

③ 在如图 1-8 所示的“已安装”程序中，找到“终端”，并通过单击打开终端窗口。

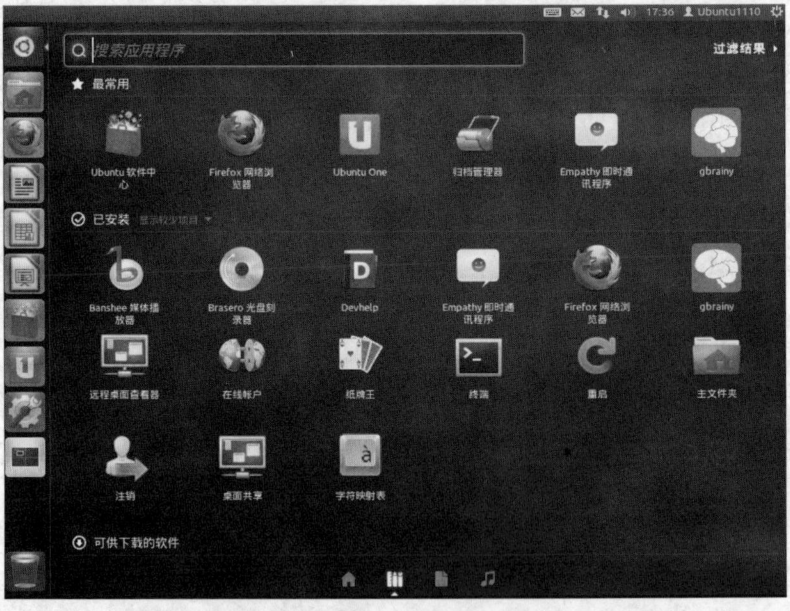

图 1-8　应用程序浏览界面

或者通过组合键“Ctrl＋Alt＋T”，快速打开“终端”界面。

④ 在如图 1-6 所示的“终端”中，输入：

```
sudo apt-get install mysql-server mysql-client
```

(3)测试 MySql 服务器状态。在“终端”中输入如下命令，可以测试当前 MySQL 服务器的连接状态。

```
sudo netstat-tap mysql
sudo netstat-grep mysql
```

(4)启动、停止、重启服务器。在“终端”中输入如下命令，可以启动、停止、重启 MySQL 服务器。

```
sudo /etc/init.d/mysql start
sudo /etc/init.d/mysql stop
sudo /etc/init.d/mysql restart
```

(5)启动 MySql。

```
mysql-u root-p
mysql-h localhost-u root-p
```

(6)退出 MySql。

```
mysql>quit
mysql>exit
```

(7)安装 MySQL Workbench (GUI Tool)。在“终端”中输入如下命令，可以安装 MySQL Workbench (GUI Tool)交互操作平台。

```
sudo dpkg-i MySQL-workbench-gpl-5.2.37-1ubu1104-i386.deb
```

三、实验思考

1. 熟练掌握 MySQL Workbench 工具的使用方法。
2. 苹果的 Mac OS 系统是否可以安装和使用 MySQL?
3. 对实验进行评价，分析合理和不足之处，给出改进方案和注意事项等。

实验二　Windows 下 MySQL 的安装

一、实验目的

熟练掌握 Windows 操作系统下 MySQL 的安装方法。

二、实验内容

1. 安装 Windows 操作系统。
2. 安装 MySQL。
3. 配置 MySQL 服务器。
4. 启动和退出 MySQL 服务器。
5. 按照实验报告模板，撰写实验报告。

参考素材：

(1)安装 Windows 7。

利用 Windows 7 的安装光盘，按照 Windows 7 的安装向导，正确安装 Windows 7。

(2)安装 MySQL 5.5.20。

① 双击安装程序“MySQL-5.5.20-win32.msi”。在如图 1-9 所示的欢迎界面中单击“Next”。在如图 1-10 所示的协议界面中单击“Install”。

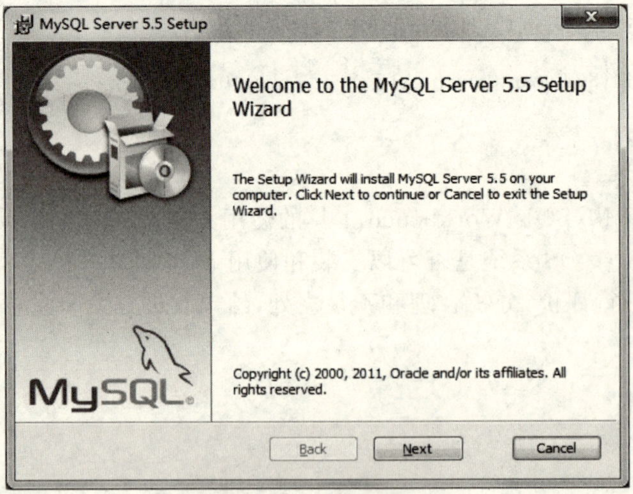

图 1-9　欢迎界面

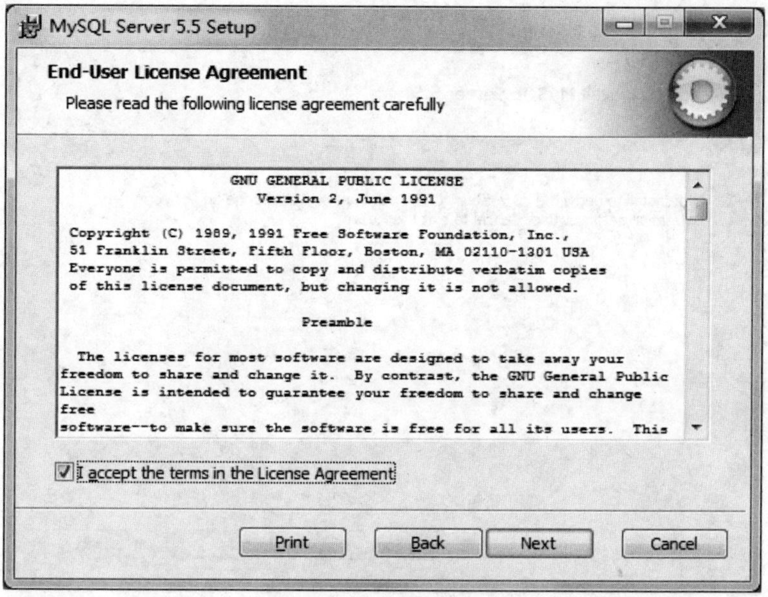

图 1-10 协议界面

② 在如图 1-11 所示的安装类型界面中选择“Complete”,然后单击“Next”。在如图 1-12 所示的准备安装界面中单击“Install”。

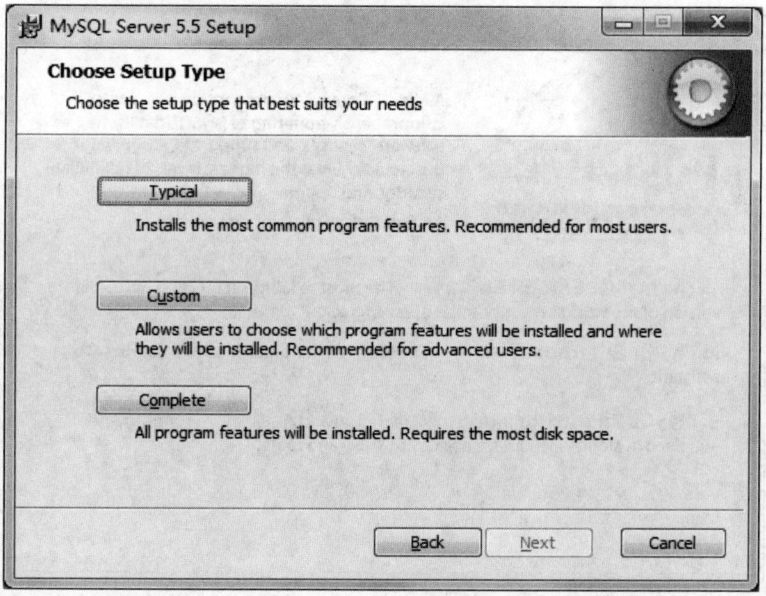

图 1-11 安装类型界面

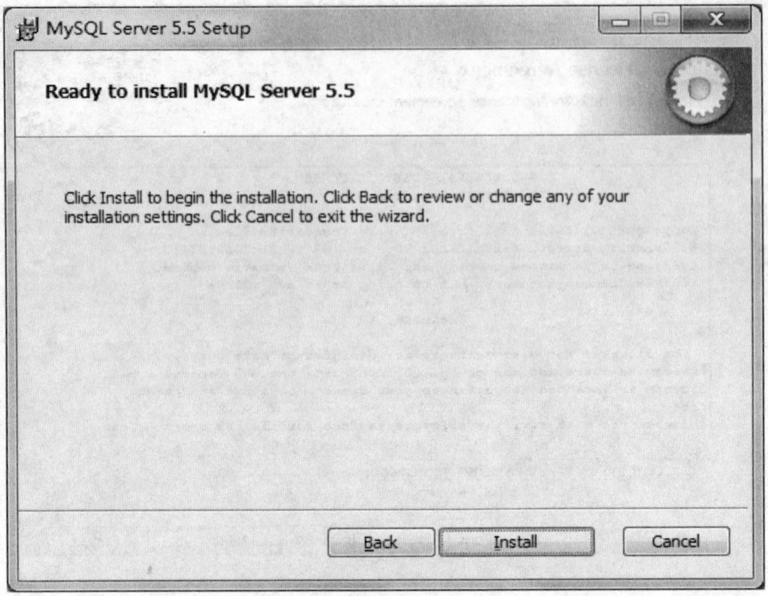

图 1-12　准备安装界面

③ 在如图 1-13 所示的安装过程 1 界面中单击“Next”。在如图 1-14 所示的安装过程 2 界面中单击“Next”。

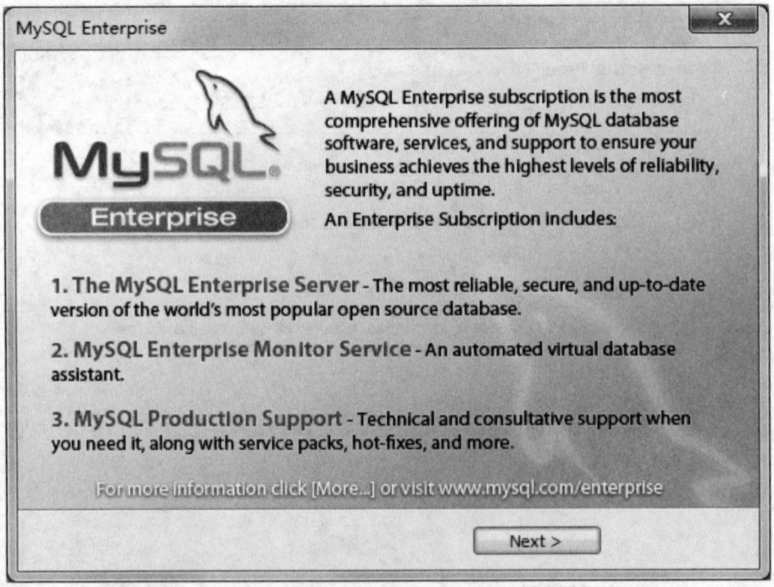

图 1-13　安装过程 1 界面

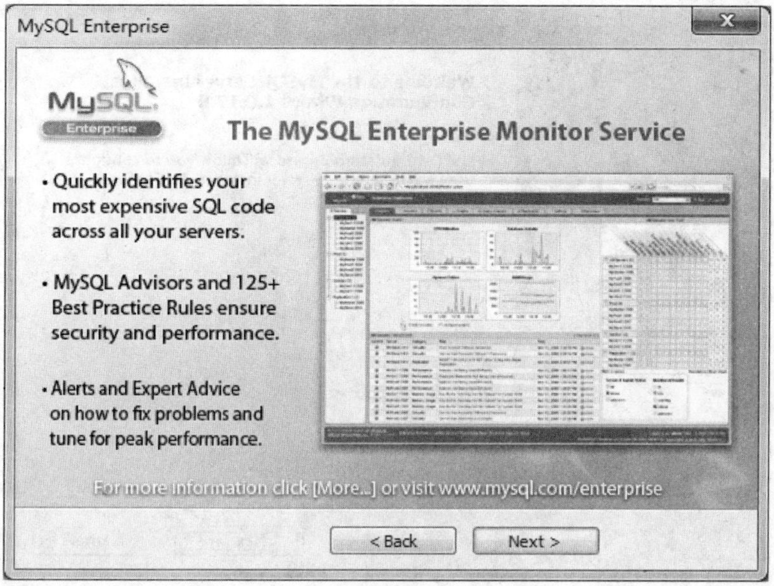

图 1-14　安装过程 2 界面

④ 在如图 1-15 所示的安装完成界面中单击“Finish”。如果勾选了 MySQL 实例配置向导，则在如图 1-16 所示的实例配置向导界面中单击“Next”。

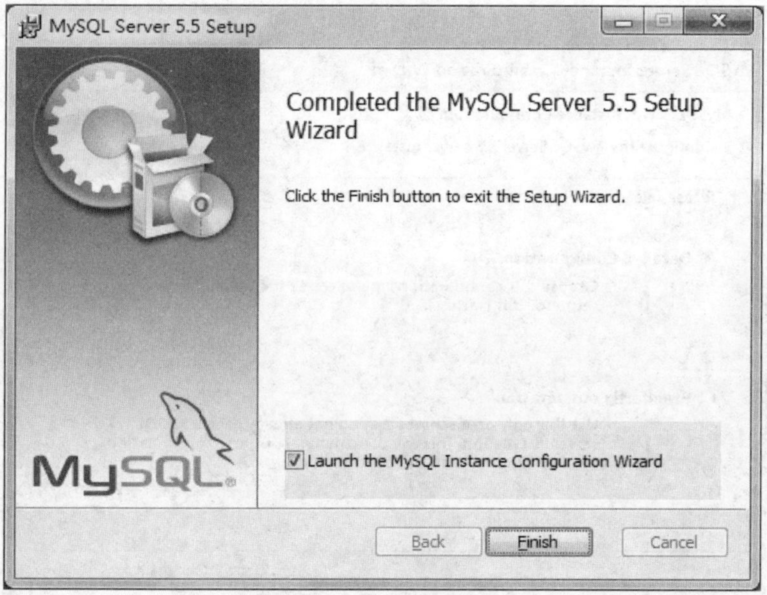

图 1-15　安装完成界面

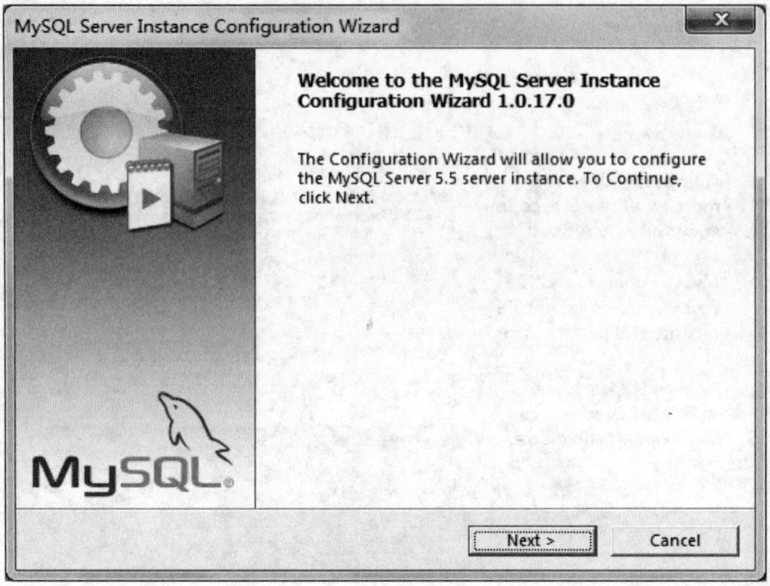

图 1-16　MySQL 实例配置向导界面

⑤ 在如图 1-17 所示的配置类型界面中选择“Detailed Configration”，然后单击“Next”。在如图 1-18 所示的服务类型界面中选择“Developer Machine”，然后单击“Next”。

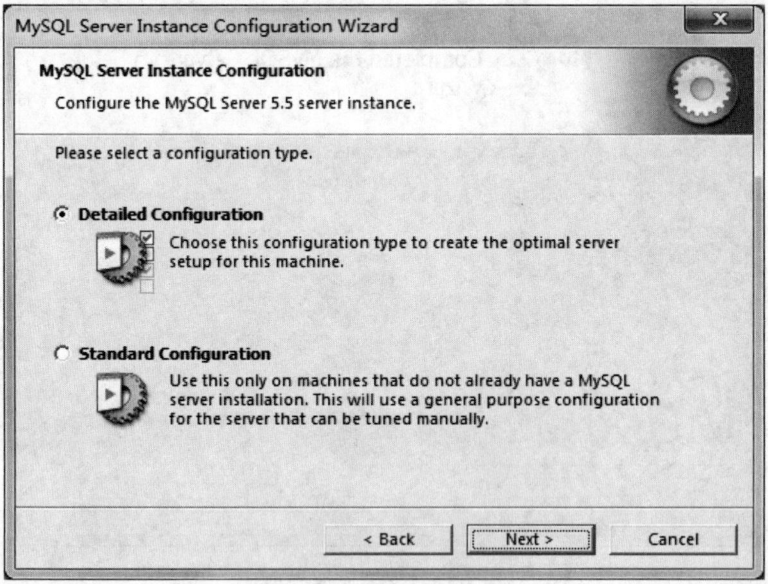

图 1-17　配置类型界面

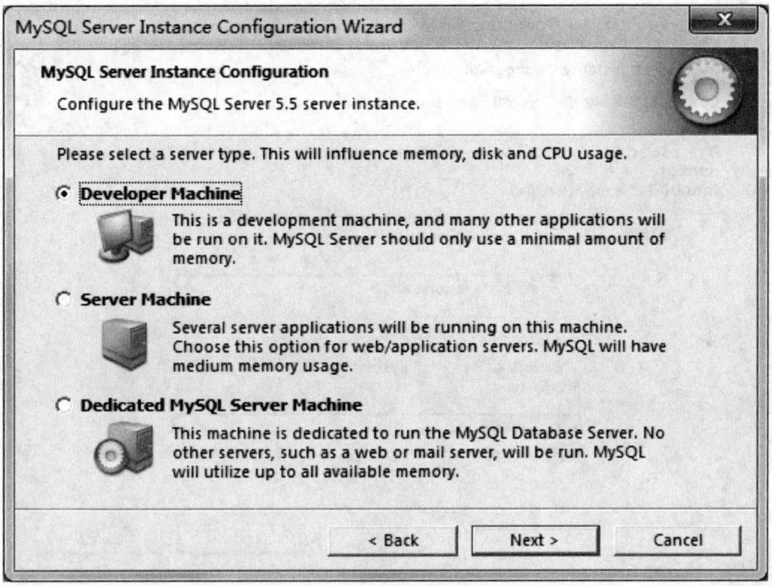

图 1-18　服务类型界面

⑥ 在如图 1-19 所示的数据库用途界面中选择“Multifunctional Database”，然后单击“Next”。在如图 1-20 所示的 InnoDB 表空间设置界面中选择 InnoDB 表空间位置，然后单击“Next”。

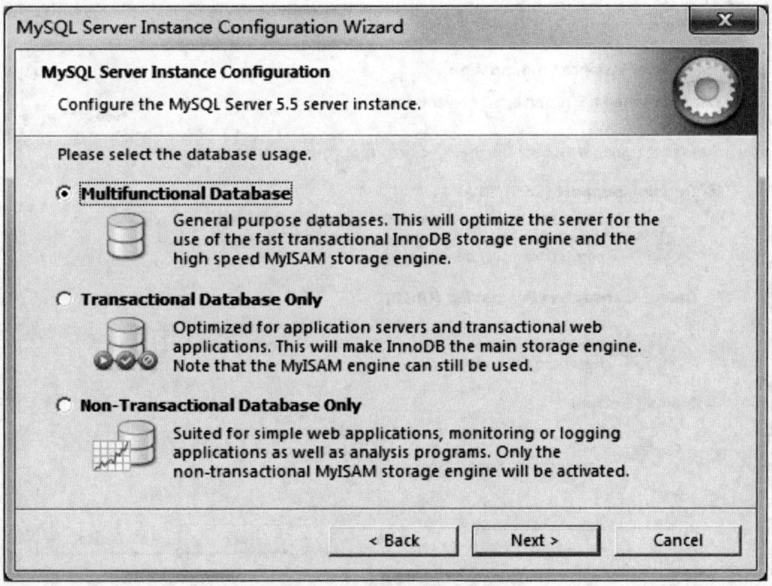

图 1-19　数据库用途界面

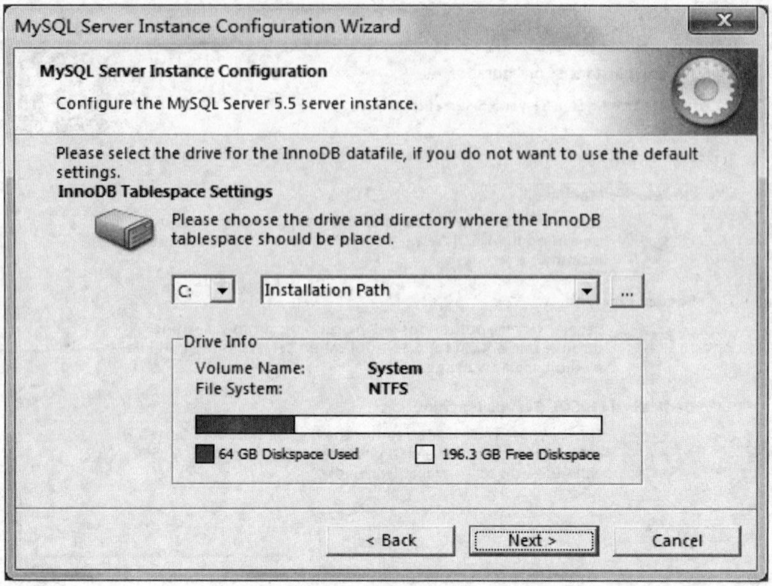

图 1-20　InnoDB 表空间设置界面

⑦ 在如图 1-21 所示的服务连接个数界面中选择“Decision Support(DSS)/OLAP”，连接个数默认 15，然后单击“Next”。在如图 1-22 所示的网络设置界面中勾选两项，并设置端口为 3306(可以添加防火墙)，然后单击“Next”。

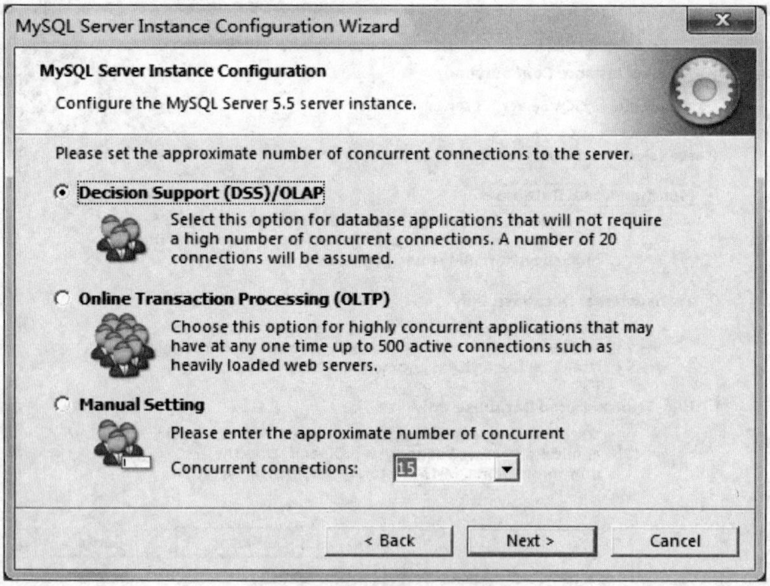

图 1-21　服务器连接个数界面

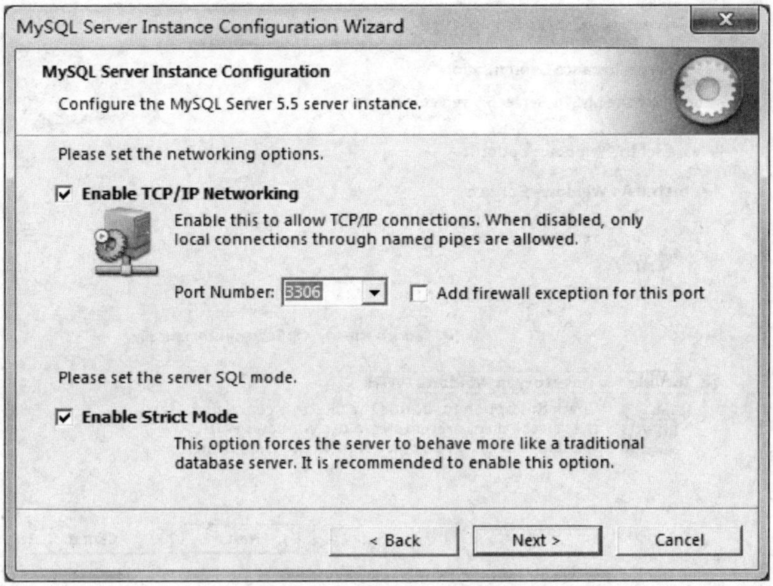

图 1-22　网络设置界面

⑧ 在如图 1-23 所示的字符集界面中选择“Standard Character Set”，并选择相应的字符集，然后单击“Next”。在如图 1-24 所示的 Windows 选项界面中勾选三项，然后单击“Next”。

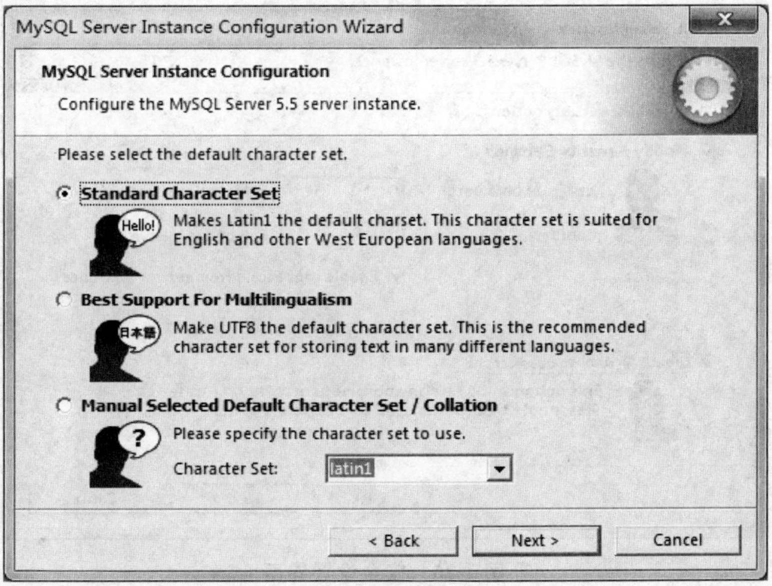

图 1-23　字符集界面

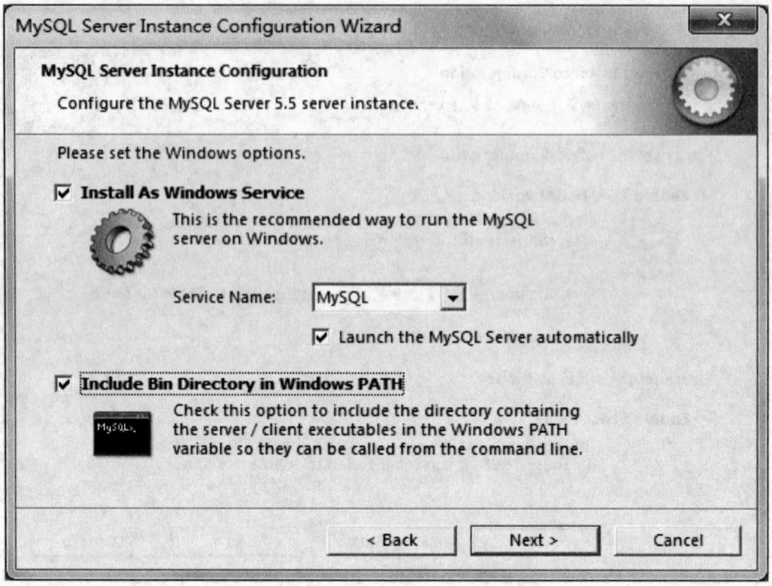

图 1-24　Windows 选项界面

⑨ 在如图 1-25 所示的安全设置界面中设置安全选项，并输入密码，然后单击"Next"。

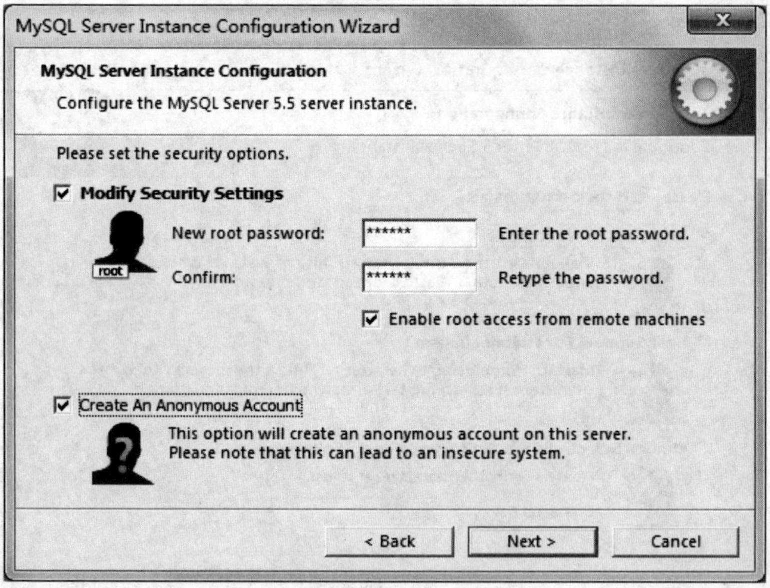

图 1-25　安全设置界面

⑩ 在如图 1-26 所示的准备执行界面中单击"Execute"。在如图 1-27 所示的配

置处理界面中单击"Finish"。

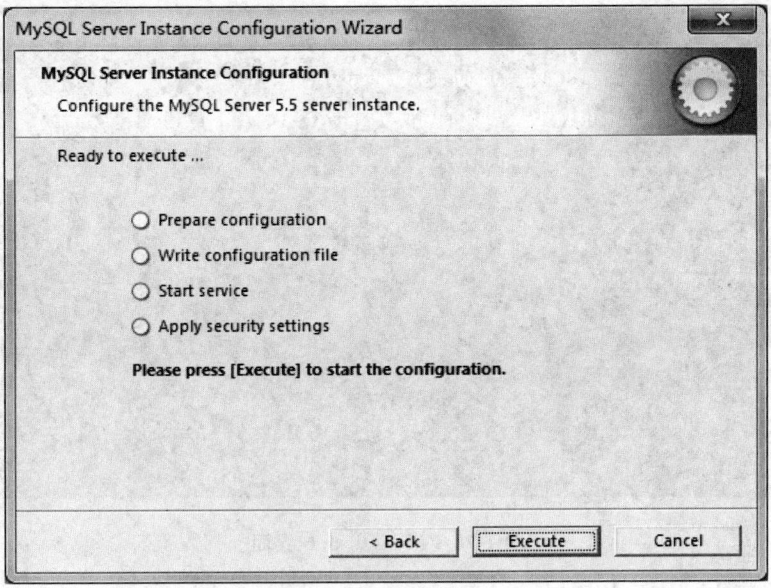

图 1-26　准备执行界面

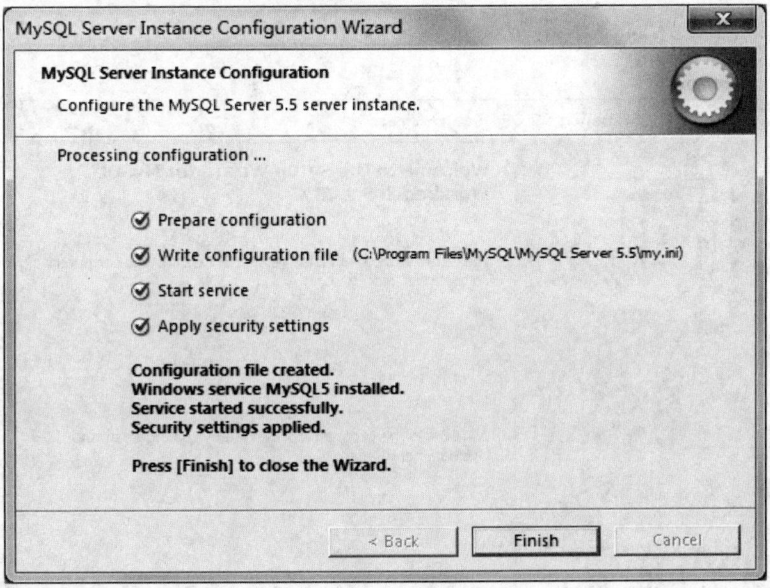

图 1-27　配置处理界面

最后，在 Windows 中，通过开始→所有程序→MySQL→MySQL Server 5.5→MySQL 5.5 Command Line Client，启动 MySQL 5.5。启动后的界面如图 1-28 所示。

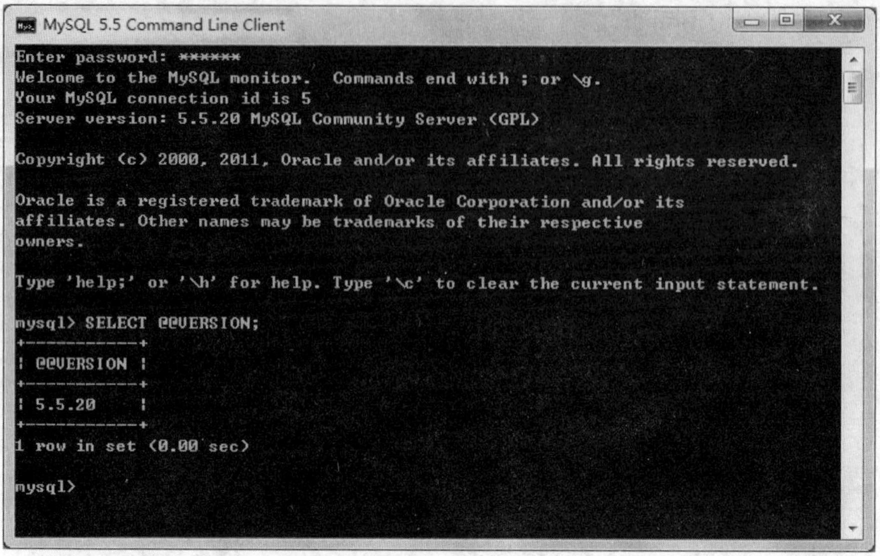

图 1-28　MySQL 5.5 界面

(4)安装 MySQL-Workbench 5.2.37。

① 双击安装程序“MySQL-Workbench-Gpl-5.2.37-Win32.msi”。在如图 1-29 所示的安装向导界面中单击“Next”。在如图 1-30 所示的安装路径界面中单击“Next”。

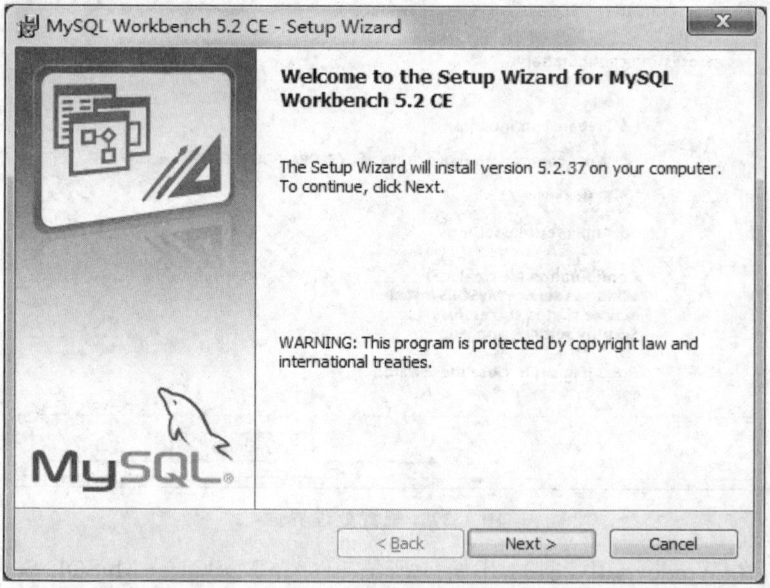

图 1-29　安装向导界面

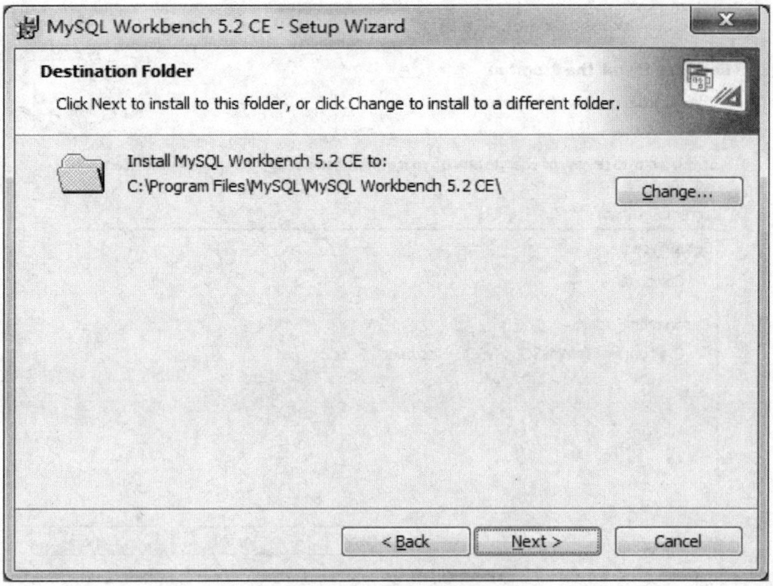

图 1-30　安装路径界面

② 在如图 1-31 所示的设置类型界面中选择“Complete”,单击“Next”。在如图 1-32 所示的准备安装界面中单击“Install”,然后在安装完成界面中单击“Finish”。

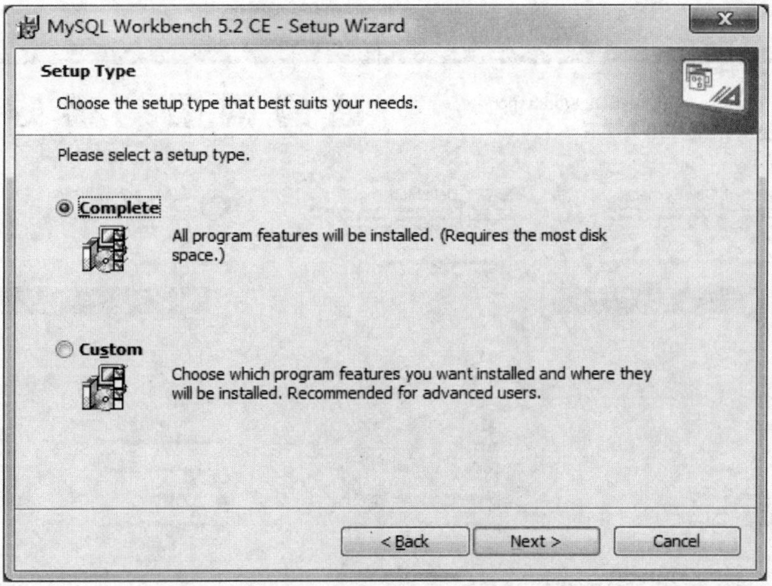

图 1-31　设置类型界面

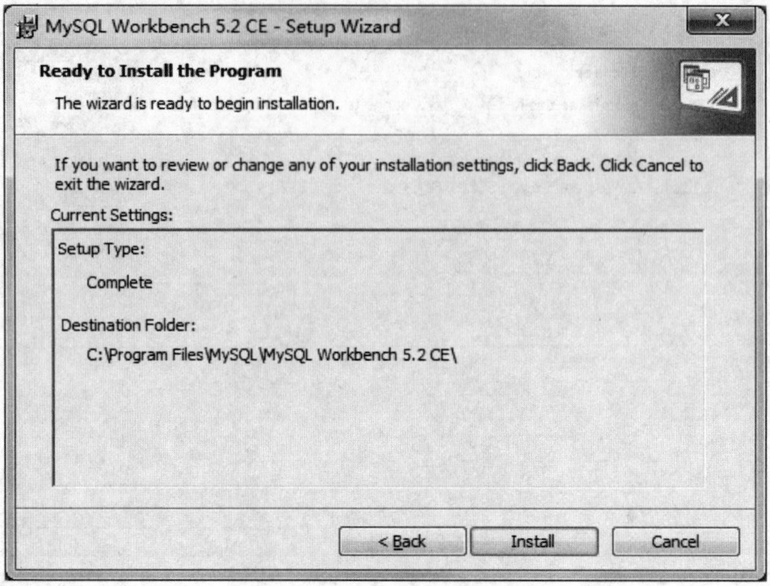

图 1-32　准备安装界面

最后，在 Windows 中，通过开始 → 所有程序 → MySQL → MySQL Workbench 5.2 CE，启动 MySQL Workbench 5.2 后的界面如图 1-33 所示。

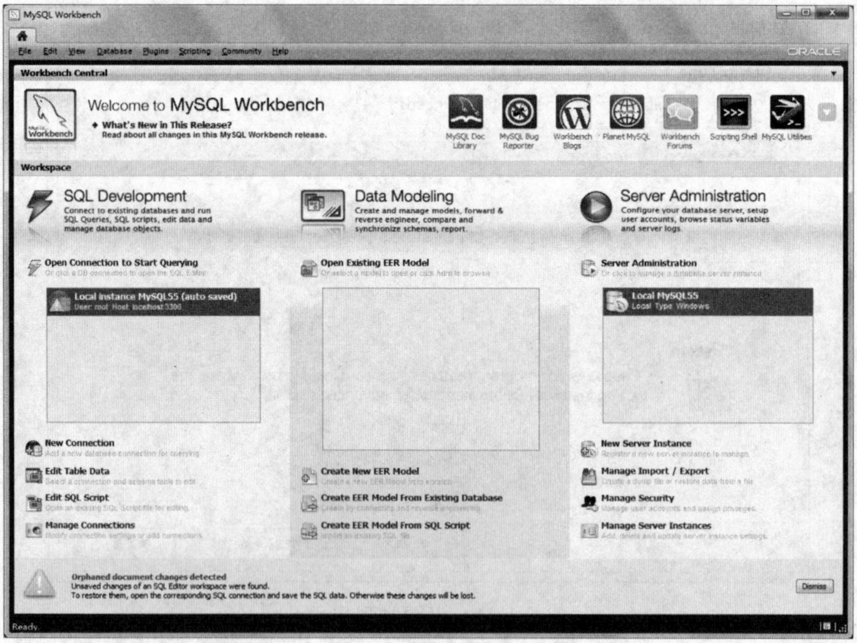

图 1-33　MySQL Workbench 5.2 CE 界面

通过 SQL Development 可以编辑数据库及其表。

通过 Data Modeling 可以建立数据模式及其关系图。

通过 Server Administration 可以设计数据库服务器。

三、实验思考

1. 熟练掌握 MySQL ODBC 的安装方法和 MySQL 数据源的配置方法。

开始 → 控制面板 → 系统和安全 → 管理工具 → 数据源(ODBC)→ 系统 DSN → 添加(D)→ 选择数据源驱动程序(例如:MySQL ODBC 5.1 Driver;如果没有驱动程序,则需要先安装 mysql-connector-odbc-5.1.11-win32.msi) → 完成 → 详细配置 → Test(测试成功后)→ OK。

2. 对实验进行评价,分析合理和不足之处,给出改进方案和注意事项等。

实验三　Windows 下 Linux 虚拟机及其 MySQL 的安装

一、实验目的

熟练掌握 Windows 下 Linux 虚拟机及其 MySQL 的安装方法。

二、实验内容

1. 安装 Windows 7 操作系统。
2. 安装 Linux 虚拟机。
3. 安装 MySQL。
4. 配置 MySQL 服务器。
5. 启动和退出 MySQL 服务器。
6. 按照实验报告模板,撰写实验报告。

参考素材:

(1)安装 Windows 7。

利用 Windows 7 的安装光盘,按照 Windows 7 的安装向导,正确安装 Windows 7。

(2)安装 VMware Workstation 8.0.2。

双击安装程序"VMware-workstation-full-8.0.2.exe",按照安装向导完成安装后的界面如图 1-34 所示(需首先安装.Net Framework 4.0,DotNetFx40_Full.exe)。

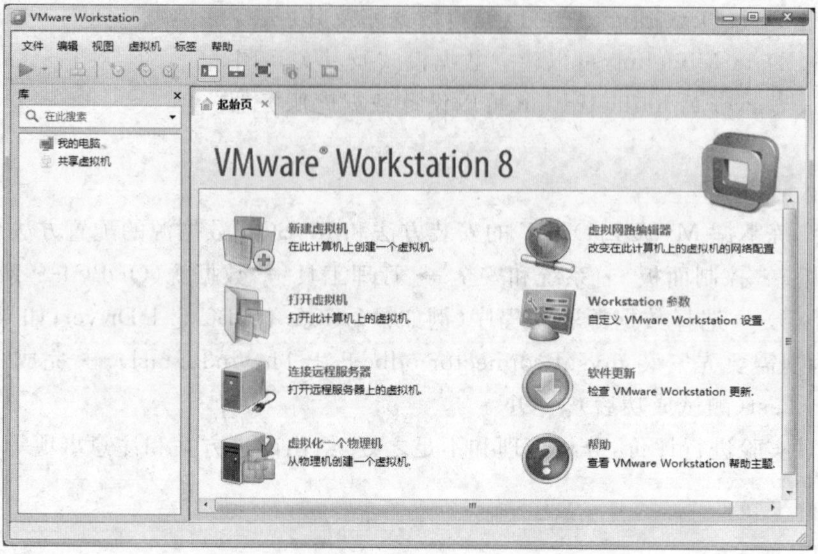

图 1-34　VMware Workstation 8.0.2 界面

(3)建立 Ubuntu 虚拟机和安装 MySQL 5.5.20。

① 在图 1-34 中，单击“新建虚拟机”，在如图 1-35 所示的安装类型界面中选择“自定义”，并单击“下一步”。在如图 1-36 所示的硬件兼容界面中单击“下一步”。

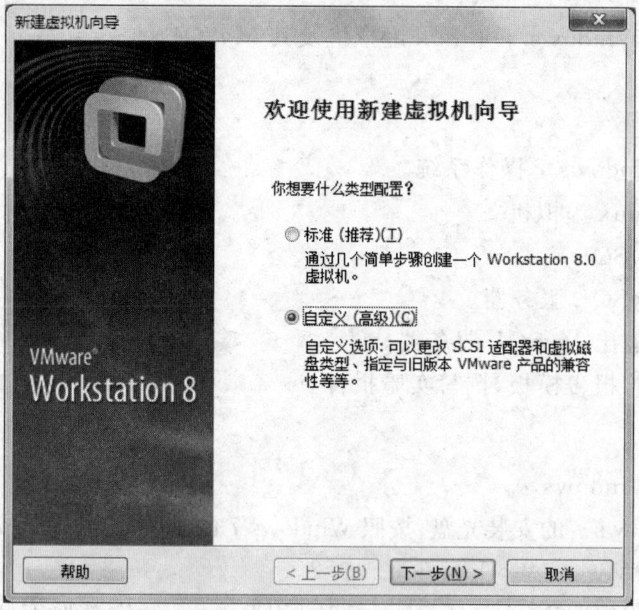

图 1-35　安装类型界面

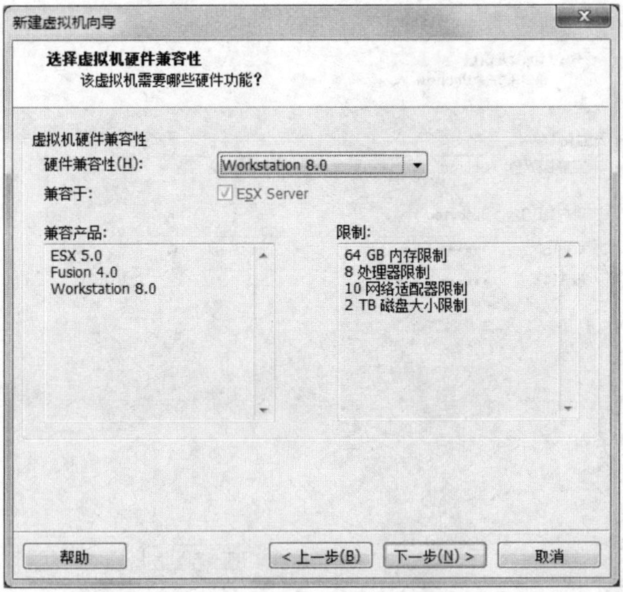

图 1-36　硬件兼容界面

② 在如图 1-37 所示的安装客户机操作系统界面中，选择“安装盘镜像文件”，并确定镜像文件及其位置，单击“下一步”。在如图 1-38 所示的 Ubuntu 个性界面中输入相应的信息，单击“下一步”。

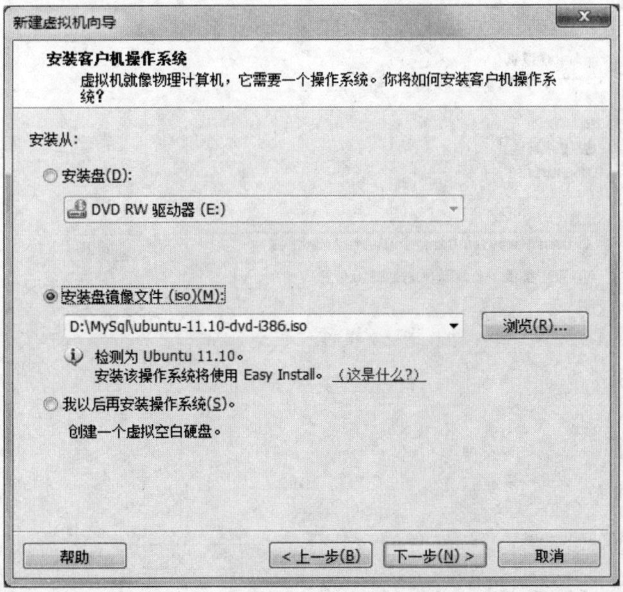

图 1-37　安装客户机操作系统界面

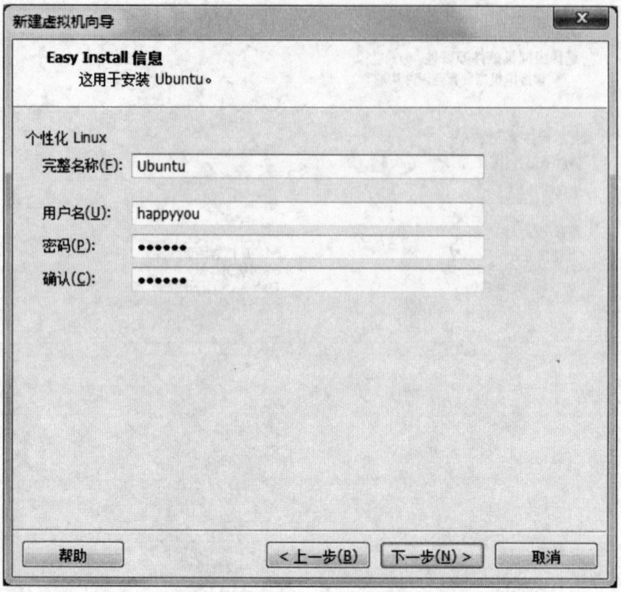

图 1-38　Ubuntu 个性界面

③ 在如图 1-39 所示的确定虚拟机的名称和位置界面中，填写相应的名称并确定安装位置，单击“下一步”。在如图 1-40 所示的处理器及其内核个数界面中选择相应的数据，单击“下一步”。

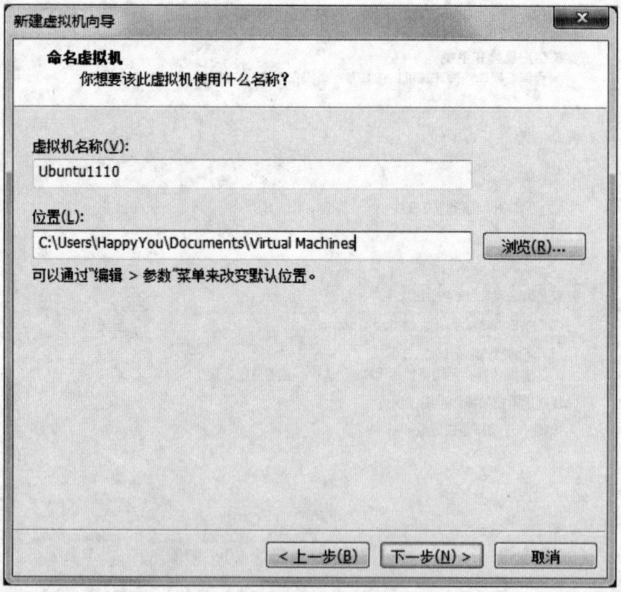

图 1-39　虚拟机名称和位置界面

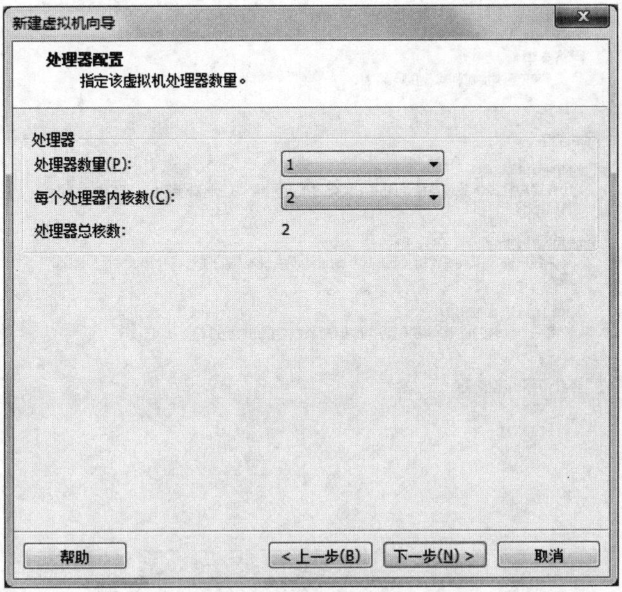

图 1-40　处理器及其个数界面

④ 在如图 1-41 所示的虚拟机内存界面中，填写该虚拟机内存的大小值，单击“下一步”。在如图 1-42 所示的网络类型界面中选择使用网络地址翻译(NAT)，单击“下一步”。

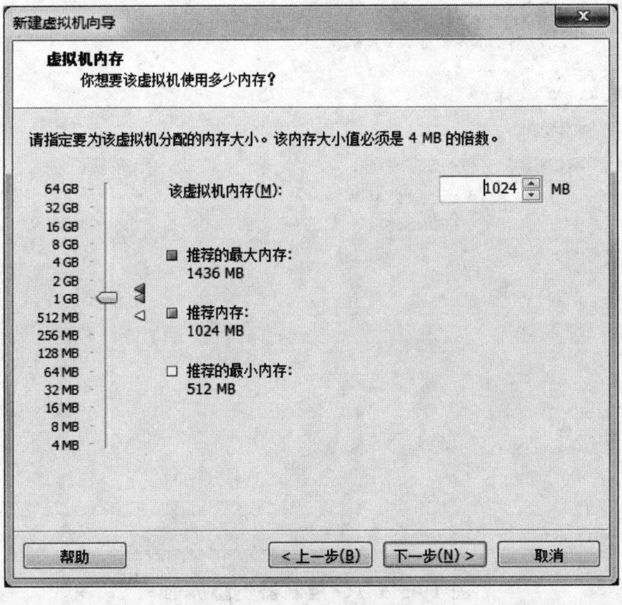

图 1-41　虚拟机内存界面

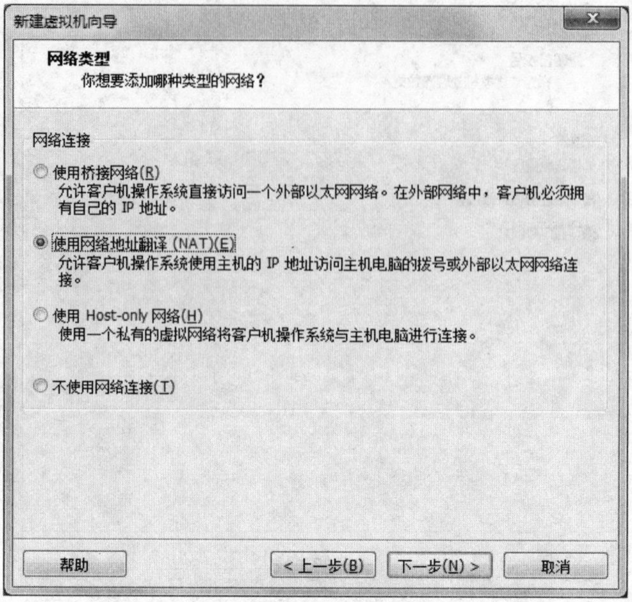

图 1-42　网络类型界面

⑤ 在如图 1-43 所示的 I/O 控制器类型界面中，选择“推荐”类型，单击“下一步”。在如图 1-44 所示的选择磁盘界面中选择“创建一个新的虚拟磁盘”，单击“下一步”。

图 1-43　I/O 控制器类型界面

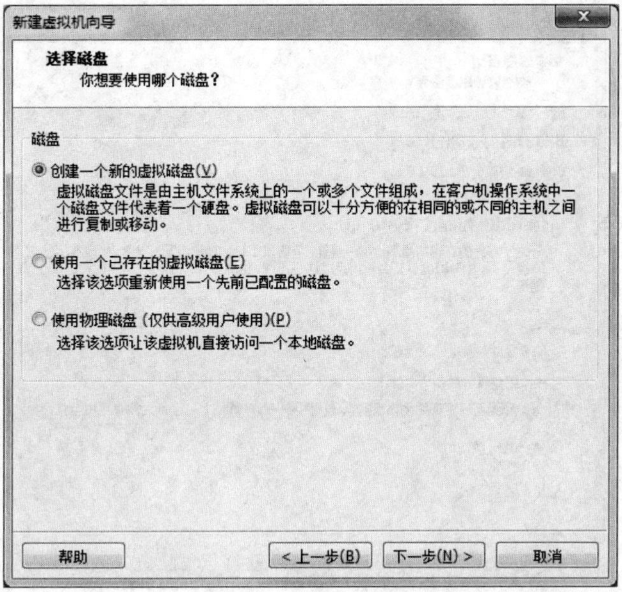

图 1-44　选择磁盘界面

⑥ 在如图 1-45 所示的磁盘类型界面中，选择“推荐”类型，单击“下一步”。在如图 1-46 所示的磁盘容量界面中确定磁盘容量和磁盘分配方式，单击“下一步”。

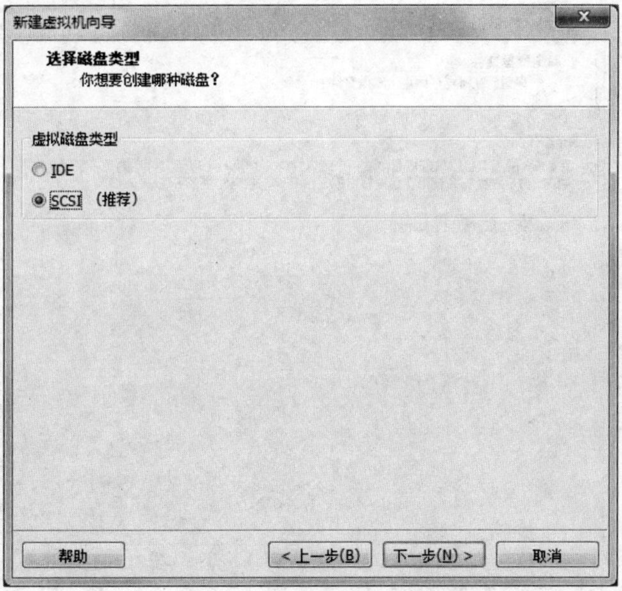

图 1-45　磁盘类型界面

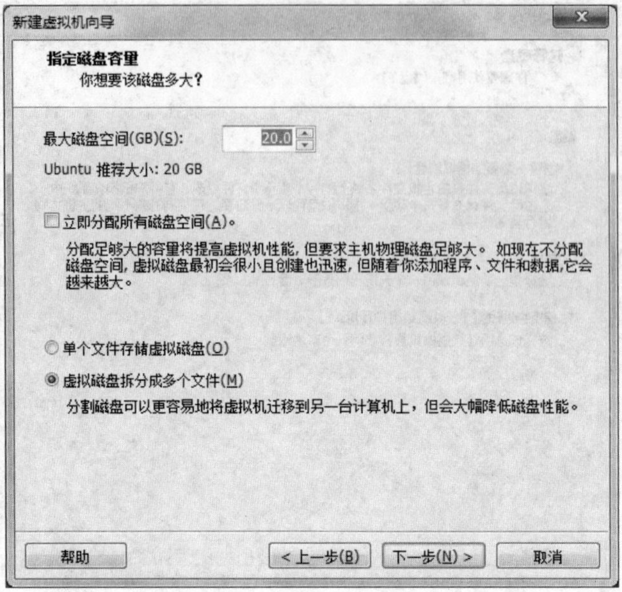

图 1-46　磁盘容量界面

⑦ 在如图 1-47 所示的磁盘文件界面中，选择磁盘文件的存放位置，单击“下一步”。在如图 1-48 所示的创建虚拟机界面中，单击“完成”。

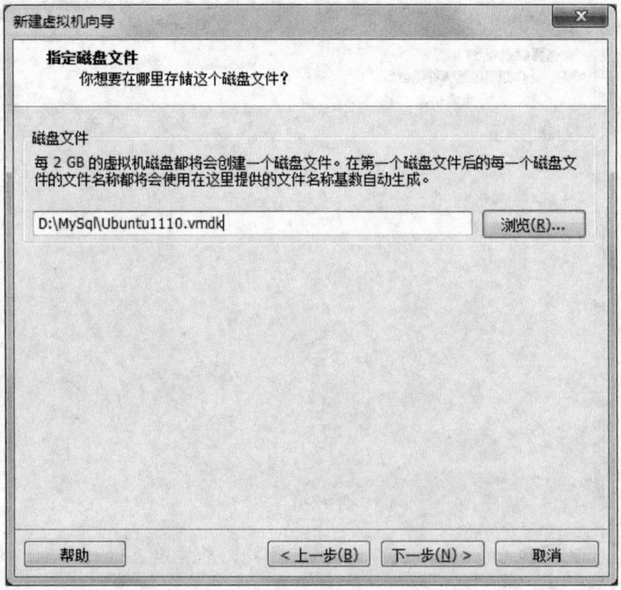

图 1-47　磁盘文件界面

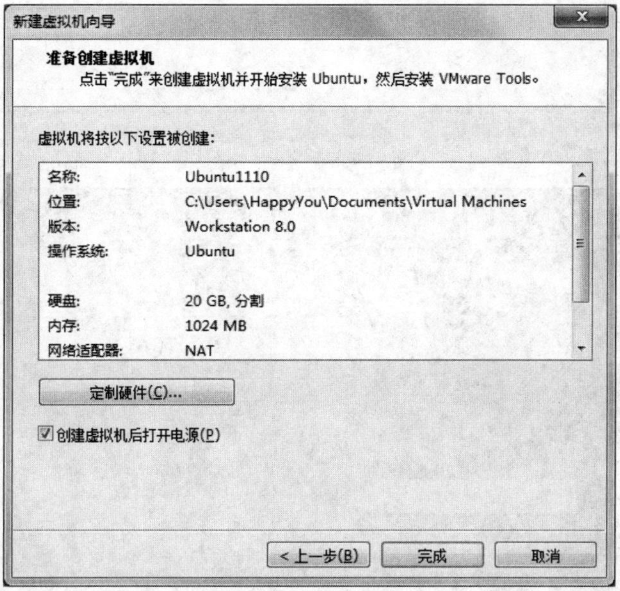

图 1-48　创建虚拟机界面

⑧ 虚拟机安装完成后，启动 VMware Workstation 的界面如图 1-49 所示。

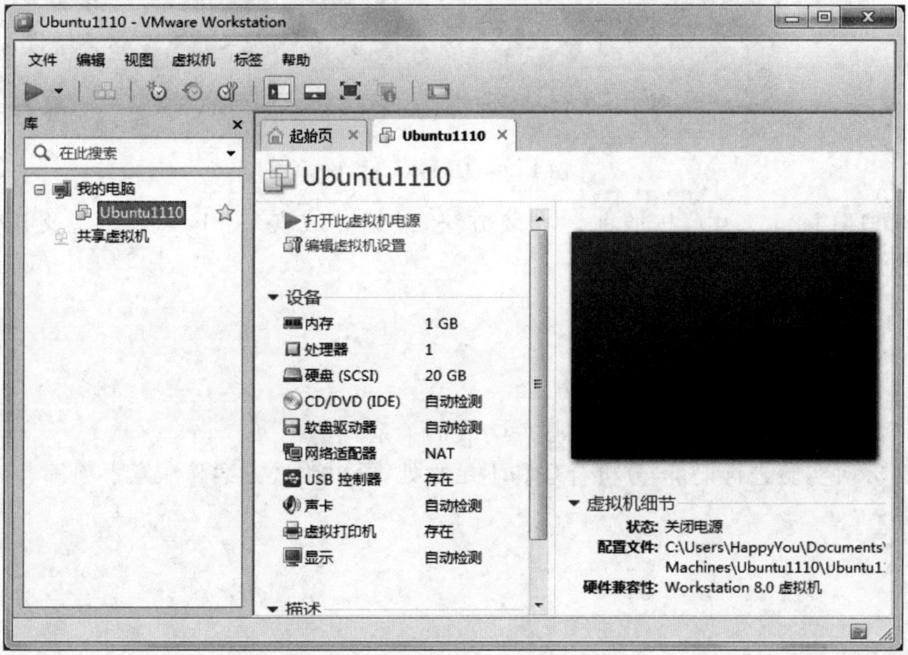

图 1-49　VMware Workstation 虚拟机

⑨ 在图 1-49 中，单击“打开此虚拟机电源”，启动 Ubuntu 后的界面如图 1-50 所示。

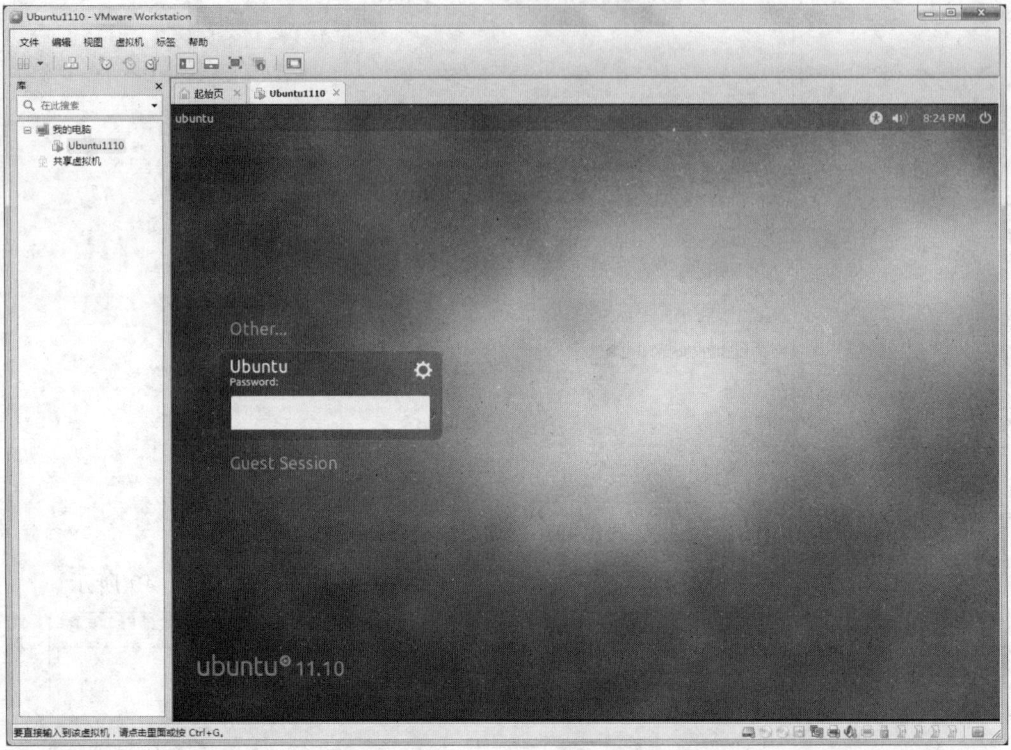

图 1-50 Ubuntu 虚拟机

⑩ 在图 1-50 中，按照前述安装方法，继续完成安装 MySQL 5.5 及其交互平台。

三、实验思考

1. 熟练掌握虚拟机的配置方法。
2. 解释数据库和表，简述数据库与表的关系。
3. 对实验进行评价，分析合理和不足之处，给出改进方案和注意事项等。

第二章　MySQL 数据表达

预备知识

在数据处理和分析的过程中，为了正确、准确和精确地表达数据，必须使用指定的运算符号，把常量、变量和函数等按照规定的规则表示成为合理的、有意义的、正确的表达式。

注释：#、——、/*…*/。

#：从"#"字符到行尾。

——：从"——"序列到行尾，其中"——"要求第 2 个破折号后面至少跟一个空格符（例如：空格、Tab、换行符等）。

/*…*/：从/*序列到后面的*/序列。开始序列和结束序列不一定同行，用于注释多行。

常量：在程序运行过程中始终不会发生变化的数据。常量包括字符型常量、数值型常量和逻辑型常量等。

字符型常量：指用单引号（'）或双引号（"）引起来的字符序列。还有一些常用转义字符：

\0：ASCII 0(NULL)字符　\'：单引号（'）　\"：双引号（"）　\b：退格符　\n：换行符　\r：回车符　\t：tab 字符　\Z：ASCII 26（控制 Ctrl＋Z），可以编码为"\Z"　\\：反斜线(\)字符　\%："%"字符　_："_"字符

数值型常量：整数用一系列阿拉伯数字表示。浮点数使用"."作为十进制间隔符。"－"表示负值。前缀 x 和 0x 可以输出十六进制数据。

逻辑型常量：True 和 False。常量 True 等于 1，常量 False 等于 0。

NULL：表示"没有数据"。

变量：在程序运行过程中其值可以发生变化的数据。变量名，即变量的名称。变量名由英文字母、数字和下画线组成，中间不能有空格。变量名不允许是系统用

于特殊用途的名称。变量分为用户变量、字段变量和系统变量。

用户变量：用户自行定义的变量。用户变量用于临时存放用户数据。通常以@开头。

字段变量：表中的属性。字段变量是利用表来长期存放数据。

系统变量：系统提供的特定变量。系统变量用于长期存放状态数据。通常以@@开头。

函数：用于实现指定功能的程序模块。函数分为系统函数和用户函数(存储函数)。函数的格式由函数名、圆括号和参数等组成。即：

函数名([形参1,…,形参n])

系统函数：系统提供的具有特定功能的函数。

用户函数：用户自行定义的指定功能的函数。

有参函数和无参函数。

提示：掌握函数用法的四要素是函数名、功能、参数和返回值。必须牢记函数名和功能；熟练掌握形参(形式参数)的个数、类型和顺序；理解并记住函数的返回值以及类型。

技巧：实参(实际参数)是常量、变量、函数或者表达式，且必须有确定的值。在把实参传给相应的形参时，实参与形参的个数要相等，顺序要一致，数据类型要一致。没有参数的函数称为无参函数，否则是有参函数。无参函数在调用时无需传递数据。

表达式：使用运算符把常量、变量、数组和函数按照一定语法规则连接起来的有意义的式子。用 expr 表示。表达式的所有字符必须写在一行上。表达式分为数值表达式 expn、字符表达式 expc、关系表达式 expl 和逻辑表达式 expl 等。表达式是数据表达的重要组成部分。

运算符：＝；||，OR，XOR；&&，AND；NOT；BETWEEN，CASE，WHEN，THEN，ELSE；＝，＜＝＞，＞＝，＞，＜＝，＜，＜＞，！＝，IS，LIKE，REGEXP，IN；|；&；＜＜，＞＞；－，＋，*，/，DIV，%，MOD；^；－(一元减号)，～(一元比特反转)；!。(优先级由低到高分号隔开)

字符大小写：MySQL 语法中不区分大小写。通常系统保留字使用大写，用户定义名称使用小写。

实验一　常量和变量

一、实验目的

熟练掌握 MySQL 的常量和变量的书写规则和使用方法。

二、实验内容

1. 字符常量、数值常量和逻辑常量的书写和输出。
2. 字符变量、数字变量和逻辑变量的书写和输出。
3. 按照实验报告模板，撰写实验报告。

参考素材：

```
—— 输出“Happy You!”
SELECT "Happy You! ";
—— 输出不同形式的“hello”
SELECT 'hello', '"hello"', '""hello""', 'hel''lo', '\'hello';
SELECT "hello", "'hello'", "''hello''", "hel""lo", "\"hello";
—— 输出“This Is Four Lines.”,要求每一个单词占 1 行
SELECT 'This\nIs\nFour\nLines.';
—— 输出“MySQL”;要求使用十六进制数
SELECT x'4D7953514C';
—— 输出 10 和“Paul”
SELECT 0xa+0,0x5061756c;
—— 输出字母 A 及其 ASCII 值
SELECT 0x41,CAST(0x41 AS UNSIGNED);
—— 输出字符串“cat”及其十六进制格式
SELECT "cat",HEX("cat"),0x636174;
—— 输出整数和实数
SELECT 66,66.66;
—— 输出常量 TRUE 和 FALSE;常量 TRUE 等于 1,常量 FALSE 等于 0
SELECT TRUE,true,FALSE,false;
—— 输出日期、时间和日期时间
SELECT "2012-06-16","16:16:16","2012-06-16 16:16:16";
```

```
-- 按位输出;使用 b ' value '。value 是一个 0 和 1
SELECT BIN(b ' 111101 '+0),OCT(b ' 111101 '+0);
-- 输出 NULL 和 NULL+66
SELECT NULL,NULL+66;
-- 字符常量、数值常量和逻辑常量的混合输出
SELECT 6,6.6, ' Happy\tYou\t666! ',TRUE, ' 2012-06-06 06:06:06:06 ';
-- 把"Happy"、66 和 66.66 存入变量@VarChar、@VarInt、@VarFlt 和@MyLog
SET @VarChar=' Happy ',@VatInt=66,@VarFloat=66.66,@VarLog=TRUE;
-- 输出@VarChar,@VatInt,@VarFlt,@VarLog
SELECT @VarChar,@VatInt,@VarFlt,@VarLog;
-- 分别用 MyChar,MyInt,MyFlt 和 MyLog 输出@VarChar,@VatInt,@VarFlt 和
@VarLog
SELECT @VarChar MyChar,@VatInt MyInt,@VarFlt MyFlt,@VarLog MyLog;
-- 输出当前系统的版本
SELECT @@VERSION;
-- 输出计算机系统的当前日期、时间和日期时间
SELECT CURRENT_DATE,CURRENT_TIME,CURRENT_TIMESTAMP;
-- 输出系统变量清单
SHOW VARIABLES;
-- 输出以 h 开头的系统变量
SHOW VARIABLES LIKE ' h% ';
-- 输出以 h 开头的长度为 8 的系统变量(提示:7 个半角下画线)
SHOW VARIABLES LIKE ' h_______ ';
-- 把 Tim、Jim 和 Sim 存入数据库 VarTestDb 的表 VarTestTable 的属性 HName 中
CREATE DATABASE VarTestDb;
USE VarTestDb;
CREATE TABLE VarTestTable (HName CHAR(10));
INSERT INTO VarTestTable SET HName=' Tim ';
INSERT INTO VarTestTable SET HName=' Jim ';
INSERT INTO VarTestTable SET HName=' Sim ';
```

三、实验思考

1. 解释数据 NULL 的数据类型及其运算规则。
2. 变量是临时的还是永久的？如何把数据存入数据表？
3. 对实验进行评价,分析合理和不足之处,给出改进方案和注意事项等。

实验二　函　　数

一、实验目的

熟练掌握 MySQL 系统函数的书写规则和使用方法。

二、实验内容

1. 函数的书写格式和调用方法。
2. 函数的函数名、功能、参数和返回值的用法。
3. 常用字符函数、数值函数、日期和时间函数等的用法。
4. 按照实验报告模板，撰写实验报告。

参考素材：

```
-- 输出字符 A 及其 ASCII 值
SELECT "A",CHAR(65),ASCII('A'), CHAR(ASCII('A'));
-- 输出"MySQL"的左边两个和右边三个字符
SELECT LEFT('MySQL',2),RIGHT('MySQL',3);
-- 删除"Happy!"前面、后面和全部空格
SELECT LTRIM(' Happy! '),RTRIM(' Happy! '),TRIM(' Happy! ');
-- 把"Wslcoms to Hangzhou!"中的 s 替换为 e
SELECT REPLACE('Wslcoms to Hangzhou! ','s','e');
-- 把"Happy"和"You!"连接为一个字符串
SELECT CONCAT('Happy ','You! ');
-- 比较字符串大小
SELECT STRCMP('H','H'),STRCMP('ABC','cde'),STRCMP('Y','P');
-- 输出字符串"HappyYou!"中的"Yo"
SELECT SUBSTR('HappyYou! ',6,2);
-- 输出多个数中的最大值和最小值
SELECT GREATEST(6,666,66),LEAST(6,666,66);
-- 取整、四舍五入和小数位数操作
SELECT FLOOR(-6.6),CEILING(-6.6),ROUND(-6.66),TRUNCATE(6.23456,6);
-- 绝对值和符号函数
SELECT ABS(-6.6),SIGN(-6),SIGN(-6),SIGN(0);
```

```
—— 开方和幂
SELECT SQRT(6.6),POW(2,6);
—— 指数和对数
SELECT EXP(2),LOG(66),LOG2(66),LOG10(66),LOG(6,66);
—— 三角函数
SELECT SIN(6),COS(6),TAN(6);
—— 反三角函数
SELECT ASIN(1),ACOS(1),ATAN(1);
—— 二进制、八进制和十六进制
SELECT BIN(66),OCT(66),HEX(66);
—— 输出当前的日期、时间和日期时间
SELECT CURDATE(),CURTIME(),NOW();
—— 输出年、月、日、星期
SELECT YEAR(CURDATE()),MONTH('2012-06-16'),DAY(CURDATE()),WEEK
(CURDATE());
—— 输出当日在年月星期的第几天
SELECT DAYOFYEAR(CURDATE()),DAYOFMONTH('2012-06-16'),DAYOF-
WEEK(CURDATE());
—— 输出月名和星期名
SELECT MONTHNAME(CURDATE()),DAYNAME(CURDATE());
—— 输出时分秒
SELECT HOUR(CURTIME()),MINUTE('16:16:16'),SECOND(CURTIME());
—— 判断函数 IF()
SELECT IF(6>9,10,'Happy'),IF(6<9,10,'Happy');
—— 格式控制
SELECT FORMAT(666666.666,2),FORMAT(-6666.66,6);
—— 类型转换
SELECT 6+'66',6+CAST('66' AS SIGNED),CAST(CURDATE() AS SIGNED);
—— 输出系统的当前版本、当前用户和当前数据库
SELECT VERSION(),DATABASE(),USER();
```

三、实验思考

1. 解释函数的参数与函数的返回值之间的关系。
2. 解释函数的参数的类型与函数值之间的关系。
3. 比较用户函数(存储函数)和系统函数的优点和缺点。
4. 对实验进行评价,分析合理和不足之处,给出改进方案和注意事项等。

实验三　表 达 式

一、实验目的

熟练掌握 MySQL 表达式的书写规则和使用方法。

二、实验内容

1. 运算符的含义和使用方法。
2. 算术运算符、关系运算符、逻辑运算符和位运算符的优先级和结合方向。
3. 表达式的书写格式、计算和输出等使用方法。
4. 按照实验报告模板，撰写实验报告。

参考素材：

```
—— 加减乘除
SELECT 6.6+66.6,6.6-66.6,6.6*66.6,6.6/66.6;
—— 求余
SELECT 66/6,-66/6,66/-6,-66/-6,66/0;
—— 比较大小
SELECT 6>66,6<=6,'H'='h','abc'<>'ABC',3+6+9<=66/6;
—— 关系和逻辑混合运算
SELECT NOT 6>66 AND 6<=6, NOT 'H'='h' AND 'abc'<>'ABC' OR 3+6
+9<=66/6;
—— 位运算
SELECT 6|66,6&66,6^66,~6,6<<6,6>>6;
—— 控制流程
SELECT CASE 1 WHEN 1 THEN 'one' WHEN 2 THEN 'two' ELSE 'more' END;
SELECT CASE WHEN 1>0 THEN 'true' ELSE 'false' END;
SELECT CASE BINARY 'B' WHEN 'a' THEN 1 WHEN 'b' THEN 2 END;
—— 表达式综合运算
SELECT (1+2)*3, 7 > '6x',1 IS TRUE, 0 IS FALSE, NULL IS UNKNOWN;
SELECT 1 BETWEEN 2 AND 3, 'b' BETWEEN 'a' AND 'c';
SELECT 'wefwf' IN (0,3,5,'wefwf'), ISNULL(1/0);
SELECT LENGTH(COMPRESS(REPEAT('a',16)));
```

```
SELECT (-6+SQRT(POW(6,2)-4*2*3))/2*2;
SELECT (NOT SIGN(66))<6 AND SQRT(LENGTH(" HappyYou! "))>=LOG(10,
100)+66)<10;
SET @Xx=6,@Yy=66,@Zz=666;
SET @Sum=@Xx+@Yy+@Zz;
SET @Avg=@Sum/3;
SELECT @Xx,@Yy,@Zz,@Sum Sum,@Avg AS '平均值';
```

三、实验思考

1. 解释“运算符”与“表达式”两者之间的关系。
2. 绘制一张运算符优先级表，给出运算符的优先级和结合方向。
3. 自行构造多个(不少于 10 个)有意义的表达式，并输出其结果。
4. 对实验进行评价，分析合理和不足之处，给出改进方案和注意事项等。

第三章　编辑数据库

预备知识

数据:用来记录或者标识事物本质特征和物理状态的符号序列。具体包括:文本、图形、图像、音频、视频和动画等。

数据库 DB:长期储存在计算机内的有组织的、统一的、共享的、结构化的、通用化的、综合性的数据的集合。具有数据结构化组织、储存和管理;数据共享;冗余度小;独立性高;容易扩展等特点。

关系数据库 RDB:支持关系模型的数据库,即所有关系的集合。特点:

(1)关系的每一列数据具有相同类型。

(2)关系的每一列都是不可再分的数据项(即满足第一范式 1NF)。

(3)关系的不同列具有不同的名字,关系的任意两个记录不能重复。

(4)关系一般都有一个属性(或者属性组)唯一标识一个元组。

(5)关系的行(或者列)的次序可以交换。

数据项(属性):组成关系的每列数据。用来描述每列数据的共同属性,是关系数据库系统中最基本的不可拆分的最小数据单位。

元组(记录):组成关系的每行数据。用来描述个体信息,由若干属性值组成。

关系(表):笛卡尔积的子集。即在关系模型下,所有属性名和属性值的集合。关系由静态关系模式和动态元组两部分组成。

关系模式:组成关系的所有属性名的集合。即关系的特征描述、关系的型、关系的静态结构。

数据处理:对数据库中大量的原始数据进行收集、整理、存储、分类、排序、检索、维护、计算、统计和传输等一系列加工处理的过程。具体包括:数据收集、数据传输、数据存储、数据加工和数据输出等。

数据库管理系统(DBMS):位于用户与操作系统之间,提供给用户实现数据库的定义、操纵和运行管理的数据管理软件，从而科学地组织和存储数据、高效地获取和维护数据。其功能：数据定义 DDL；数据操纵 DML；数据控制 DCL（安全性、完整性、并发控制和数据恢复）；数据接口；数据组织和存储；事务和运行管理等。它能确保数据的安全、完整、并发和恢复，例如：MySQL。

信息：在数据库系统下，利用数据库管理系统对原始数据经过数据处理后所得到的对人类社会实践和生产活动产生决策影响的有价值的数据。

数据库系统（DBS）：在计算机系统中引入数据库后，由数据库、数据库管理系统、数据库应用系统、数据库设计员、数据库管理员和用户等构成的完整的计算机系统。DBS 的核心是数据库管理系统，DBMS 是用户与数据库的接口。其组成：DBS 硬件（计算机硬件、数据库硬件和网络硬件等）、DBS 软件（操作系统、数据库、DBMS、程序设计主语言、专用开发工具和数据库应用系统等）和人员（数据库设计员、数据库分析员、数据库管理员、数据库程序员和用户）等组成。支持关系数据库技术的数据库系统称为关系数据库系统。

数据模型：反映客观事物本质特征及其相互关系的实际问题的模拟和抽象。

（1）类型：层次模型（最早）；网状模型；关系模型（流行）；面向对象模型（20 世纪 80 年代引入面向对象程序设计 OOP）。

（2）组成层次：数据项；元组；关系；数据库。

（3）组成要素：数据结构；数据操作；完整性约束。

数据类型：TINYINT（1 个字节）；SMALLINT（2 个字节）；MEDIUMINT（3 个字节）；INT，INTEGER（4 个字节）；BIGINT（8 个字节）；FLOAT（p）（如果 0≤p≤24 为 4 个字节，如果 25≤p≤53 为 8 个字节）；FLOAT（4 个字节）；DOUBLE [PRECISION]，Ttem REAL（8 个字节）；DECIMAL（M，D），NUMERIC（M，D）（变长）；BIT（M）（大约（M+7）/8 个字节）。DATE（3 个字节）；DATETIME（8 个字节）；TIMESTAMP（4 个字节）；TIME（3 个字节）；YEAR（1 个字节）；CHAR（M）（M 个字节，0≤M≤255）；VARCHAR（M）（L+1 个字节，其中 L≤M 且 0≤M≤65535）；BINARY（M）（M 个字节，0≤M≤255）；VARBINARY（M）（L+1 字节，其中 L≤M 且 0≤M≤255）；TINYBLOB，TINYTEXT（L+1 个字节，其中 L＜28）；BLOB，TEXT（L+2 个字节，其中 L＜216）；MEDIUMBLOB，MEDIUMTEXT（L+3 个字节，其中 L＜224）；LONGBLOB，LONGTEXT（L+4 个字节，其中 L＜232）；ENUM（' value1 '，' value2 '，…）（1 或 2 个字节，取决于枚举值的个数（最多 65,535 个值）；SET（' value1 '，' value2 '，…）（1、2、3、4 或者 8 个字节，取决于 set 成员的数目（最多 64 个成员））。

编辑数据库：

（1）创建：CREATE DATABASE

CREATE DATABASE 〈数据库名〉；
(2)查看:SHOW DATABASES
(3)打开:USE
(4)修改:ALTER DATABASE
(5)删除:DROP DATABASE
DROP DATABASE 〈数据库名〉；
编辑表结构：
(1)创建:CREATE TABLE
CREATE TABLE 〈表名〉
(〈列名〉〈数据类型〉[〈列级完整性约束条件〉]
[,〈列名〉〈数据类型〉[〈列级完整性约束条件〉]] …
[,〈表级完整性约束条件〉]);
(2)查看:SHOW TABLES
(3)修改:ALTER TABLE
(4)删除:DROP TABLE
编辑表记录：
(1)添加:INSERT … INTO …
INSERT INTO 〈表名〉[(〈属性 1〉[,〈属性 2 〉 …)]
VALUES (〈常量 1〉[,〈常量 2〉] …);
(2)查看:SELECT … FROM …
(3)修改:UPDATE … SET …
UPDATE 〈表名〉 SET 〈属性 1〉=〈表达式 1〉[,〈属性 2〉=〈表达式 2〉,…]
[WHERE 〈条件〉];
(4)删除:DELETE … FROM …
DELETE FROM 〈数据表名〉[WHERE 〈条件〉];

实验一　编辑数据库

一、实验目的

熟练掌握数据库的建立、查看、打开、修改和删除等使用方法。

二、实验内容

1. 分别利用 CREATE DATABASE 和 MySQL Workbench 建立学籍数据库 SInfo。

2. 分别利用 SHOW DATABASES 和 MySQL Workbench 查看已有数据库信息。

3. 利用 USE，打开指定数据库。

4. 分别利用 ALTER DATABASE 和 MySQL Workbench 修改学籍数据库 SInfo。

5. 分别利用 DROP DATABASE 和 MySQL Workbench 删除学籍数据库 SInfo。

6. 按照实验报告模板，撰写实验报告。

参考素材：

1. 使用 MySQL 语句编辑数据库

```
-- 建立学籍数据库 SInfo;要求如果 SInfo 存在,则不创建
CREATE DATABASE SInfo;
CREATE DATABASE IF NOT EXISTS SInfo;
-- 查看 MySQL 服务器中的数据库
SHOW DATABASES;
-- 打开数据库 SInfo
USE SInfo;
-- 显示所有或者部分可用字符集
SHOW CHARACTER SET;
SHOW CHARACTER SET LIKE 'latin%';
SHOW CHARACTER SET LIKE 'gb%';
SHOW COLLATION;
SHOW COLLATION LIKE 'latin1%';
SHOW COLLATION LIKE 'gb%';
-- 修改数据库 SInfo 的默认字符集为 gb2312_chinese_ci 和校对规则 gb2312
ALTER DATABASE SInfo
DEFAULT CHARACTER SET gb2312
DEFAULT COLLATE gb2312_chinese_ci;
-- 删除学籍数据库 SInfo;要求如果 SInfo 不存在,则不执行删除操作
DROP DATABASE IF EXISTS SInfo;
```

2. 使用 MySQL Workbench 5.2 编辑数据库 SInfo

在图 1-33 中，通过 SQL Development 连接默认服务器，打开 SQL 多文档编辑

器(如图 3-1 所示)。

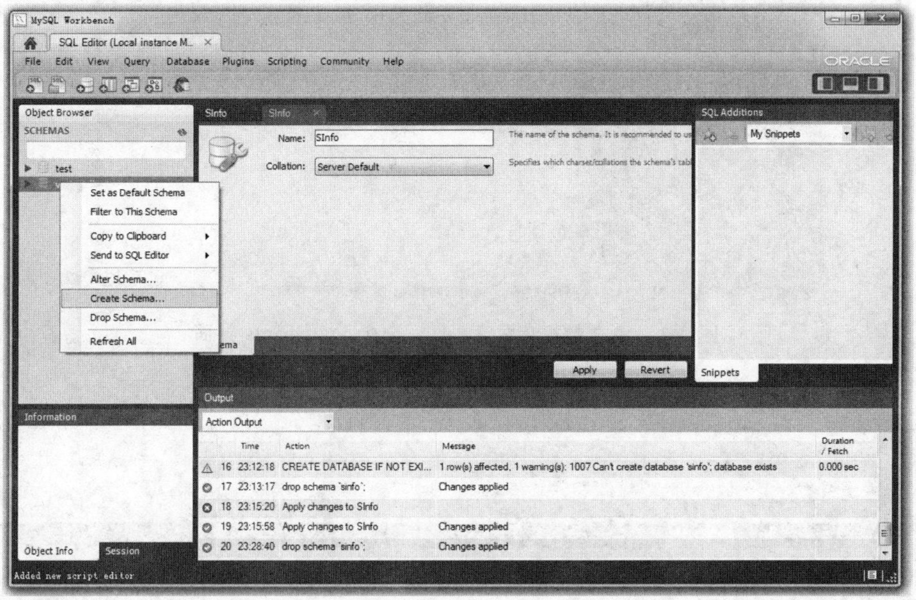

图 3-1　建立数据库的 SQL Development 界面

在图 3-1 中,通过右击"Object Browser"区的数据库 Test,然后选择"Create Schema..."；在中间的多文档编辑区中"Name:"的右侧文本区输入数据库的名称 SInfo,选择校对规则(如图 3-1 所示),单击"Apply"后如图 3-2 所示。

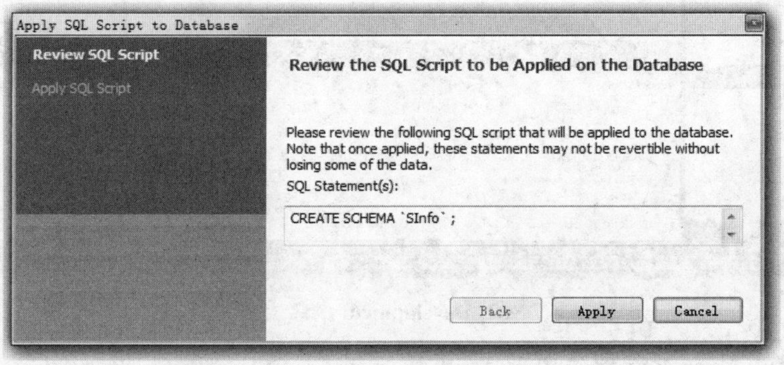

图 3-2　建立数据库的 Apple SQL Script 界面

或者:在图 3-1 中,直接单击,重复上一步操作。

在图 3-2 中,单击"Apply"后如图 3-3 所示;然后单击"Finish"。

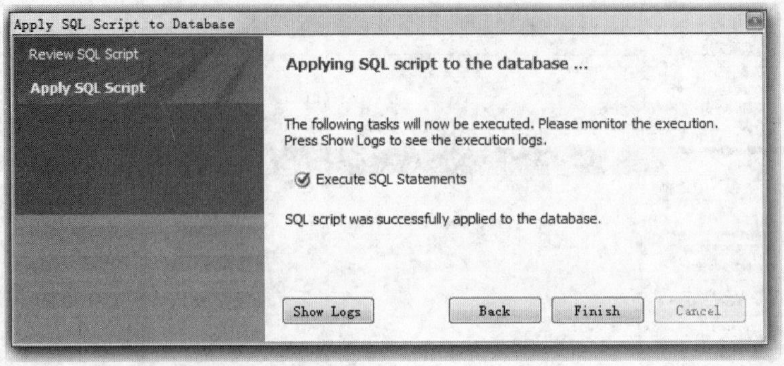

图 3-3　建立数据库的 Execute SQL Statements 界面

在图 3-1 中，单击，可以创建一个多文档编辑器，如图 3-4 所示。

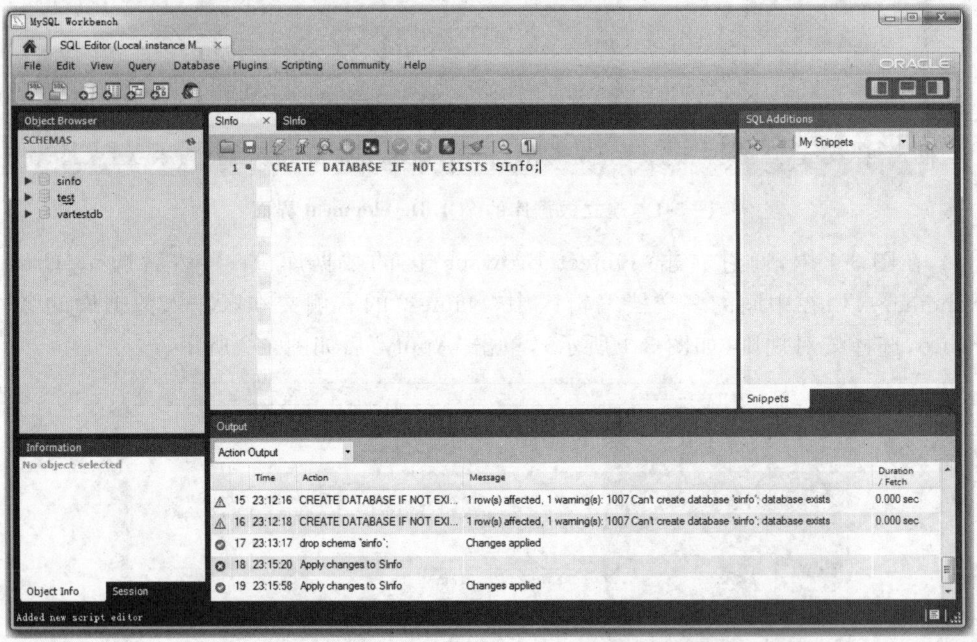

图 3-4　SQL Development 的多文档编辑器

在图 3-4 中的多文档编辑器中，直接输入 MySQL 语句。例如：

```
CREATE DATABASE IF NOT EXISTS SInfo;
```

在图 3-4 中，单击执行 MySQL 语句。

在图 3-4 中，单击把 MySQL 语句保存到查询文件中（*.sql）。

在图 3-4 中，单击打开一个查询文件中（*.sql）。

三、实验思考

1. 理解数据库及其相关的基本概念。

2. 比较利用“命令方式”和“MySQL Workbench 方式”建立数据库的优点和缺点

3. 如果删除了一个数据库，则数据库中的表是否也被删除？

4. 在数据库数据库的语句中，使用短语 IF NOT EXISTS 或者 IF EXISTS 有什么好处？

5. 建立一个用于商品销售的数据库“商品销售”。

6. 对实验进行评价，分析合理和不足之处，给出改进方案和注意事项等。

实验二　编辑表结构

一、实验目的

熟练掌握表结构的建立、查看、打开、修改和删除等使用方法。

二、实验内容

1. 分别利用 CREATE TABLE 和 MySQL Workbench 建立学生表 Student(别名 S)，课程表 Course(别名 C)和选课表 StudentCourse(别名 Sc)。

(1)Student 结构：

—— 代码：SNo,SName,SSex,Birth,SProf,Photo,SMemo

—— 含义：学号，姓名，性别，生日，专业，照片，简历

—— 类型：CHAR,CHAR,TINYINT,DATE,CHAR,BLOB,TEXT

—— 宽度：6,8,1,默认,10,默认,默认

(2)Course 结构：

—— 代码：CNo,CName,CSeme,CHour,CCred

—— 含义：课号，课名，学期，学时，学分

—— 类型：CHAR,CHAR,TINYINT,TINYINT,TINYINT

—— 宽度：4,16,1,1,1

(3)StudentCourse 结构：

—— 代码：SNo,CNo,Grade

—— 含义:学号,课号,成绩

—— 类型:CHAR,CHAR,TINYINT,TINYINT,TINYINT

—— 宽度:4,16,1,1,1

2. 分别利用 SHOW TABLES 和 MySQL Workbench 查看已有表。

3. 利用 DESCRIBE 显示表的全部和部分属性信息。

4. 利用 SHOW COLUMNS 显示表的全部属性信息。

5. 分别利用 ALTER TABLE 和 MySQL Workbench 修改学生信息数据库 SInfo。

6. 分别利用 DROP TABLE 和 MySQL Workbench 删除学生信息数据库 SInfo。

7. 按照实验报告模板,撰写实验报告。

参考素材:

1. 使用 MySQL 语句编辑 SInfo 的表 Student、Course 和 StudentCourse

```
—— 删除学籍数据库 SInfo
DROP DATABASE IF EXISTS SInfo;
—— 建立学籍数据库 SInfo
CREATE DATABASE IF NOT EXISTS SInfo;
—— 打开学籍数据库 SInfo
USE SInfo;
—— 删除学生表 Student
DROP TABLE IF EXISTS Student;
—— 建立表 Student;要求如果 Student 不存在,则创建
CREATE TABLE IF NOT EXISTS Student(
  SNo CHAR(6),
  SName CHAR(8),
  SSex TINYINT(1),
  Birth DATE,
  SProf CHAR(10),
  Photo BLOB,
  SMemo TEXT);
—— 删除课程表 Course
DROP TABLE IF EXISTS Course;
—— 建立课程表 Course
CREATE TABLE IF NOT EXISTS Course(
  CNo CHAR(4),
  CName CHAR(16),
  CSeme TINYINT(1),
```

```
  CHour TINYINT(1),
  CCred TINYINT(1));
-- 删除选课表 StudentCourse
DROP TABLE IF EXISTS StudentCourse;
-- 建立选课表 StudentCourse
CREATE TABLE IF NOT EXISTS StudentCourse(
SNo CHAR(6),
CNo CHAR(4),
Grade TINYINT(1));
-- 查看 SInfo 的表
SHOW TABLES;
-- 显示表结构的所有或者部分字段信息(可以使用%和_)
DESCRIBE Student;
DESCRIBE Student SName;
SHOW COLUMNS FROM Student FROM SInfo;
SHOW COLUMNS FROM SInfo.Student;
-- 显示表的状态
SHOW TABLE STATUS;
-- 显示创建表的语句
SHOW CREATE TABLE Student;
-- 修改表结构,添加属性
ALTER TABLE Student ADD SCome DATE;
DESCRIBE Student SCome;
-- 修改表结构,修改属性
ALTER TABLE Student ALTER SCome DROP DEFAULT;
DESCRIBE Student SCome;
-- 修改表结构,删除属性
ALTER TABLE Student DROP SCome;
DESCRIBE Student SCome;
-- 删除表结构
DROP TABLE StudentCourse;
DROP TABLE IF EXISTS StudentCourse;
```

2. 使用 MySQL Workbench 5.2 编辑表

在图 3-1 中,通过双击“Object Browser”区的数据库 SInfo 将其展开,然后右击“Tables”(如图 3-5 所示)。

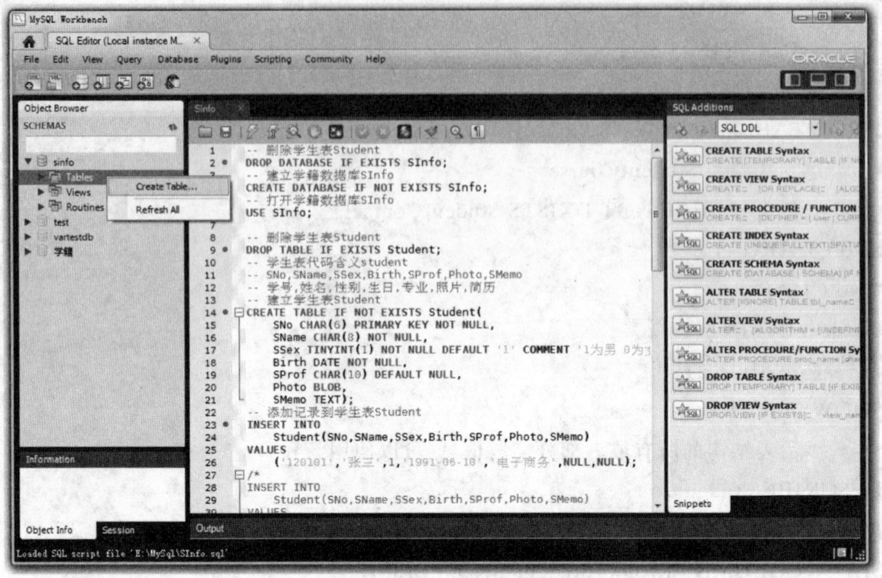

图 3-5　建立表的快捷菜单界面

在图 3-5 中，选择“Craete Table...”（如图 3-6 所示）。

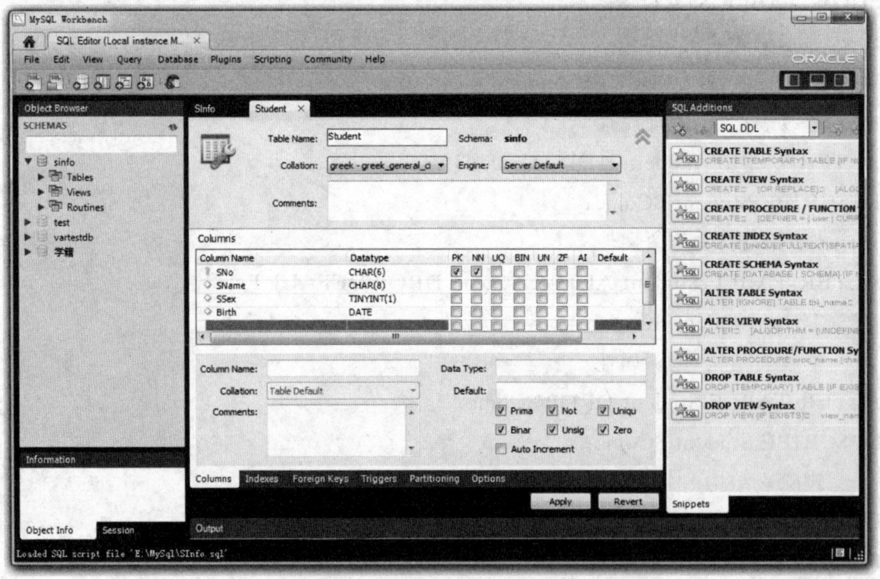

图 3-6　建立表的结构界面

在图 3-6 中，输入表名、字段名、类型和约束等，并选择设置其他属性，然后单击“Apply”（如图 3-7 所示）。

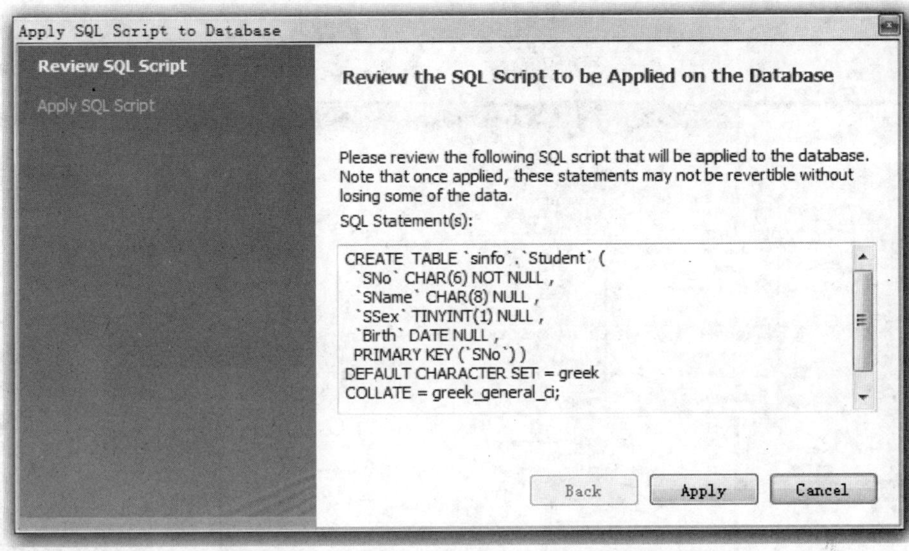

图 3-7 建立表结构的 SQL 语句编辑界面

在图 3-7 中，编辑创建表的 SQL 语句，然后单击“Apply”(如图 3-8 所示)。

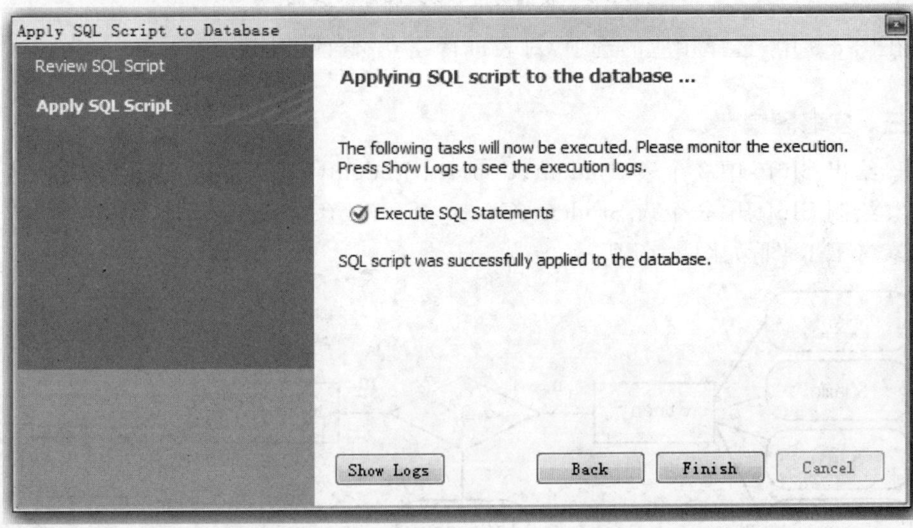

图 3-8 建立表结构的执行界面

在图 3-8 中，单击“Finish”执行创建表的 SQL 语句，并完成建表。

在图 3-1 中的“Object Browser”区，依次展开数据库 Sinfo 及其“Tables”，然后右击需要编辑的表(例如：StudentCourse)(如图 3-9 所示)。

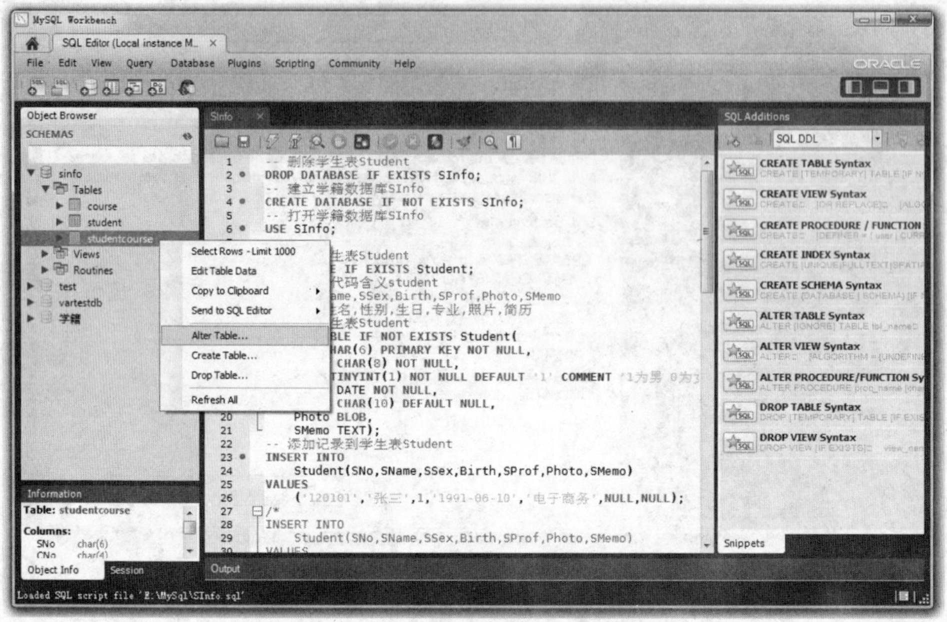

图 3-9　表的建立、修改和删除界面

在图 3-9 中，选择相应的选项，对表进行建立、修改和删除。

三、实验思考

1. 给出 SInfo 中 3 个表 Student、Course、StudentCourse 的数据字典。
2. 绘制 SInfo 中 3 个表 Student、Course、StudentCourse 的 E-R 图。

参考 E-R 图：如图 3-10 所示。

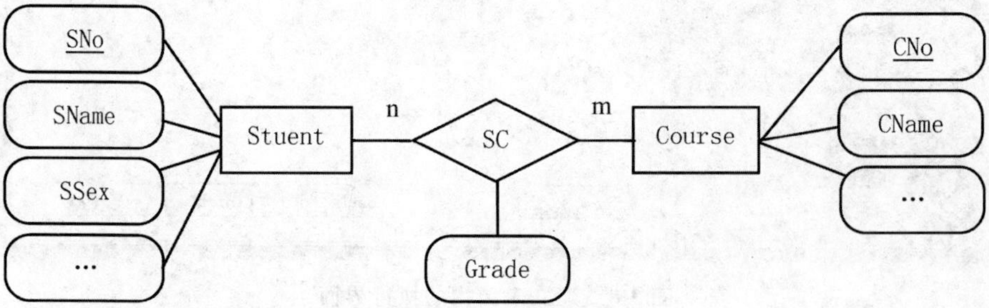

图 3-10　SInfo 的 E-R 图

3. 把 SInfo 的 E-R 图转换为符合 3NF 要求的关系模式。

参考 3NF 关系模式：

Student(SNo,SName,SSex,Birth,SProf,Photo,SMemo)

Course(CNo,CName,CSeme,CHour,CCred)

StudentCourse(SNo,CNo,Grade)

4.在商品销售数据库中,设计该数据库的E-R图,并根据该E-R图创建职工、商品、商店和销售等表。

参考E-R图:如图3-11所示。

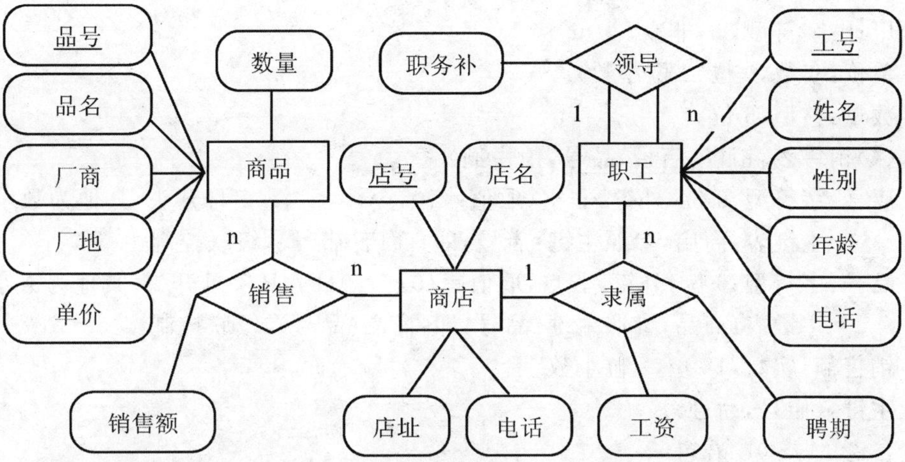

图3-11　商店销售数据库的E-R图

参考结构:

(1)职工表:职工(工号,姓名,性别,年龄,电话,店号,工资,聘期,补贴)

工号:字符型,6位,主键,非空,取值={0,…,9,A,…,Z},大写字母开头,其他为数字。

姓名:字符型,8位,非空。

性别:字符型,2位,非空,取值={男,女}。

年龄:整型,2位,非空,取值={16,…,96}。

电话:字符型,12位,取值={0,…,9}。

补贴:实数,9位,2位小数。

工资:实数,9位,2位小数。

聘期:整数。

店号:字符型,6位,参照主键:店号,即:商店(店号),级联控制。

(2)商店表:商店(店号,店名,店址,电话)

店号:字符型,6位,主键,非空,取值={0,…,9,S},S字母开头,其他为数字。

店名:字符型,22位,非空。

店址:字符型,36 位。

电话:字符型,12 位,取值={0,…,9}。

(3)商品表:商品(品号,品名,厂商,厂址,单价,数量)

品号:字符型,6 位,主键,非空,取值={0,…,9,P},P 字母开头,其他为数字。

品名:字符型,22 位,非空。

厂商:字符型,22 位,非空。

厂址:字符型 36,非空。

单价:实数,9 位(2 位小数)。

数量:整型,6 位。

(4)销售表:销售(店号,品号,销售额)

店号:字符型,6 位,外键,非空,取值={0,…,9,S},S 字母开头,其他为数字;

主键表:商店,参照主键:店号,即:商店(店号),级联控制。

品号:字符型,6 位,外键,非空,取值={0,…,9,P},P 字母开头,其他为数字;

主键表:商品,参照主键:品号,即:商品(品号),级联控制。

销售额:实数,12 位,2 位小数。

主键:(店号,品号)。

参考 MySQL 语句:

```
—— 删除商品销售数据库
DROP DATABASE IF EXISTS 商品销售;
—— 建立商品销售数据库
CREATE DATABASE IF NOT EXISTS 商品销售;
—— 打开商品销售数据库
USE 商品销售;
—— 建立商店表:商店(店号,店名,店址,电话)
CREATE TABLE 商店(
店号 CHAR(6) PRIMARY KEY CHECK (店号 LIKE 'S[0-9][0-9][0-9][0-9][0-9]'),
店名 CHAR(22) NOT NULL,
店址 CHAR(36) NOT NULL,
电话 CHAR(12) UNIQUE CHECK (电话 LIKE '[0-9][0-9][0-9][0-9][0-9][0-9][0-9][0-9][0-9][0-9][0-9][0-9]'));
—— 建立商品表:商品(品号,品名,厂商,厂址,单价,数量)
CREATE TABLE 商品(
品号 CHAR(6) PRIMARY KEY CHECK (品号 LIKE 'P[0-9][0-9][0-9][0-9][0-9]'),
```

```
品名 CHAR(22) NOT NULL,
厂名 CHAR(22) NOT NULL,
厂址 CHAR(36) NOT NULL,
单价 DECIMAL(9,2),
数量 INT);
-- 建立职工表:职工(工号,姓名,性别,年龄,电话,店号,工资,聘期,补贴)
CREATE TABLE 职工(
工号 CHAR(6) PRIMARY KEY
CHECK (工号 LIKE '[A-Z][0-9][0-9][0-9][0-9][0-9]'),
姓名 CHAR(8) NOT NULL,
性别 CHAR(2) NOT NULL CHECK (性别='男' OR 性别='女'),
年龄 INT NOT NULL CHECK (年龄>=16 AND 年龄<=96),
电话 CHAR(12) NOT NULL CHECK (电话 LIKE
'[0-9][0-9][0-9][0-9][0-9][0-9][0-9][0-9][0-9][0-9][0-9][0-9]'),
补贴 DECIMAL(9,2),
工资 DECIMAL(9,2),
聘期 INT,
店号 CHAR(6) REFERENCES 商店(店号)
ON DELETE CASCADE ON UPDATE CASCADE);
-- 建立销售表:销售(店号,品号,销售额)
CREATE TABLE 销售(
店号 CHAR(6) CHECK (店号 LIKE 'S[0-9][0-9][0-9][0-9][0-9]'),
品号 CHAR(6) CHECK (品号 LIKE 'P[0-9][0-9][0-9][0-9][0-9]'),
  销售额 DECIMAL(12,2),
  PRIMARY KEY (店号,品号),
  FOREIGN KEY (店号) REFERENCES 商店(店号)
    ON DELETE CASCADE ON UPDATE CASCADE,
  FOREIGN KEY (品号) REFERENCES 商品(品号)
    ON DELETE CASCADE ON UPDATE CASCADE);
```

5. 搜集并熟练掌握常用 SHOW 语句的使用方法。

6. 如果删除一个表,则该表中的记录是否被删除?

7. 使用 RENAME TABLE 把表 Student、Course 和 StudentCourse 的名称分别改为 S、C 和 Sc。

8. 对实验进行评价,分析合理和不足之处,给出改进方案和注意事项等。

实验三　编辑表记录

一、实验目的

熟练掌握表中记录的添加、修改和删除等使用方法。

二、实验内容

1. 分别利用 INSERT 和 MySQL Workbench 向表中添加记录。
2. 分别利用 UPDATE、REPLACE 和 MySQL Workbench 修改记录。
3. 分别利用 DELETE、TRUNCATE 和 MySQL Workbench 删除记录。
4. 按照实验报告模板,撰写实验报告。

参考素材:

1. 使用 MySQL 语句编辑记录

```
-- 打开数据库 SInfo
USE SInfo;
-- 添加记录到学生表 Student
INSERT INTO Student
  (SNo,SName,SSex,Birth,SProf,Photo,SMemo)
VALUES
  ('120101','张三',1,'1991-06-10','电子商务',NULL,NULL),
  ('120102','李四',0,'1991-05-11','电子商务',NULL,
  '提前修完数据结构,获得学分'),
  ('120103','王五',1,'1989-08-05','电子商务',NULL,'已提前修完一门课'),
  ('120104','孙六',0,'1989-08-11','电子商务',NULL,NULL),
  ('120201','赵七',1,'1989-06-16','通信工程',NULL,NULL),
  ('120202','王林',0,'1989-01-29','通信工程',NULL,
  '有一门课程不及格,等待补考'),
  ('120203','王民',1,'1991-03-26','通信工程',NULL,NULL),
  ('120204','李娟',0,'1989-09-01','通信工程',NULL,
  '已提前修完一门课,获得学分');
-- 添加记录到课程表 Course
INSERT INTO Course
```

```
  (CNo,CName,CSeme,CHour,CCred)
VALUES
  ('0101','程序语言',2,60,3),
  ('0102','离散数学',3,68,4),
  ('0201','数据结构',5,68,4),
  ('0302','软件工程',6,68,3);
-- 添加记录到选课表 StudentCourse
INSERT INTO StudentCourse
  (SNo,CNo,Grade)
VALUES
  ('120101','0101',59),
  ('120101','0102',76),
  ('120101','0201',86),
  ('120101','0302',98),
  ('120102','0101',94),
  ('120102','0102',67),
  ('120103','0201',93),
  ('120104','0302',90),
  ('120201','0101',90),
  ('120202','0102',99),
  ('120203','0201',98);
-- 在 StudentCourse 中,添加一个记录('120201','0101',66)
INSERT INTO StudentCourse
  (SNo,CNo,Grade)
VALUES
  ('120201','0101',66);
```

或者

```
REPLACE INTO StudentCourse
  (SNo,CNo,Grade)
VALUES
  ('120201','0101',66);
-- 把学号为'120201'的同学的姓名改为"赵奇"
UPDATE Student SET SName='赵奇'
  WHERE SNo='120201';
-- 把成绩低于 90 分的课程的成绩提高 10%
UPDATE StudentCourse SET Grade=Grade * 1.1
```

```
  WHERE Grade<90;
-- 把所有成绩减少 2 分
UPDATE StudentCourse SET Grade=Grade-2;
-- 删除操作
DELETE FROM Student WHERE SName='李四';
DELETE FROM Course WHERE CName='离散数学' AND CCred=4;
DELETE FROM Student;
TRUNCATE TABLE StudentCourse;
```

2. 使用 MySQL Workbench 5.2 编辑数据库 SInfo

在图 3-9 中,选择“Edit Table Data”。如图 3-12 所示。

在图 3-12 中,可以直接对表中的记录数据进行修改和添加;同时可以通过快捷菜单实现表中记录的修改和删除等。

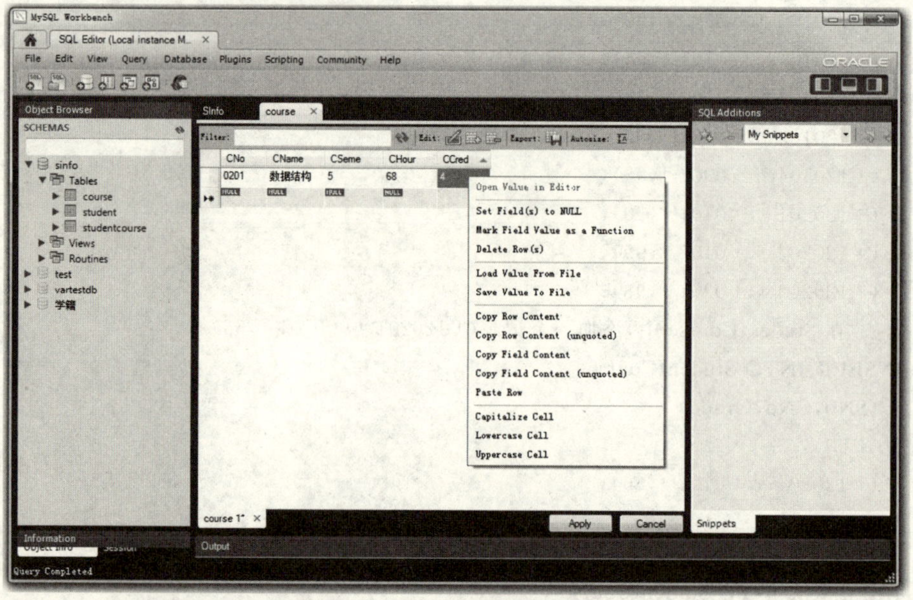

图 3-12　表记录的编辑界面

三、实验思考

1. 是否可以把表中的记录,导入到标准的文本文件中(＊.txt)。
2. 是否可以把指定格式的标准文本文件(＊.txt)的内容,导入到表中。
3. 解释空值的概念、作用及其用法。
4. 对于 REPLACE 语句,如果表 StudentCourse 中存在(SNo,CNo)之间约束,

则执行会怎样？解释 INSERT 和 REPLACE 语句的用法及区别。

提示：REPLACE 相当于一个特殊的修改语句，即先删除再插入。

5. 在"商品销售"数据库中，添加若干数据。

参考 MySQL 语句：

```
—— 商店添加记录
INSERT INTO 商店 VALUES
  ('S00001','物美文一店','上海路 33 号','011111111111'),
  ('S00002','物美文二店','上海路 66 号','012222222222'),
  ('S00003','物美文三店','上海路 99 号','013333333333');
—— 商品添加记录
INSERT INTO 商品 VALUES
  ('P00001','SONY 电视机','SONY 公司','北京路 66 号',11000,66),
  ('P00002','DELL 计算机','DELL 公司','北京路 99 号',10000,99);
—— 职工添加记录
INSERT INTO 职工 VALUES
('A00001','张三','男',29,'013333333333',2000,5000,6,'A00001','S00001'),
('A00002','李四','女',26,'016666666666',0.00,3000,5,'A00001','S00001'),
('A00003','王五','男',29,'019999999999',3000,6000,9,'A00003','S00002'),
('A00004','孙六','女',26,'015555555555',0.00,4000,8,'A00003','S00002'),
('A00005','马七','女',26,'018888888888',0.00,4000,8,'A00003','S00002');
—— 销售添加记录
INSERT INTO 销售 VALUES
  ('S00001','P00001',100000),
  ('S00001','P00002',200000),
  ('S00002','P00001',160000),
  ('S00002','P00002',260000),
  ('S00003','P00001',110000);
```

6. 对实验进行评价，分析合理和不足之处，给出改进方案和注意事项等。

第四章　数据完整性和索引

预备知识

数据完整性是保护数据库中数据的正确性、一致性和相容性的关键技术；索引机制则是实现快速存取数据库中数据的数据访问机制。

数据完整性：数据的正确性、一致性、合理性和相容性。

完整性规则：为了确保数据的完整性，对数据设立的一系列约束条件。

完整性内容：实体完整性、参照完整性和用户定义完整性。

(1)实体完整性规则：如果属性 A 是关系的主属性，则 A 的取值不能为空。

(2)参照完整性规则：已知 X 是关系 R 的主键，X 是 S 的外键，则 S 中 X 的取值：要么为空值；要么取 R 中 X 的值。

(3)用户定义完整性规则：根据 DBS 的应用需求，由用户自己对数据模型规定的一系列约束条件。

完整性控制机制：

(1)完整性控制机制的功能：定义功能、检查功能和违约处理功能等。

定义功能：提供完善的定义数据库完整性约束的功能，同时提供相应的接口。

检查功能：对于插入、修改和删除等更新操作，提供检查完整性约束的违约功能。常用的检查方法：立即检查方式和延迟检查方式。

违约处理：对于破坏完整性约束的不同违约操作，提供相应的违约处理能力。常用的违约处理方法：置空、拒绝更新、受限更新和级联更新。

◇ 置空：对于违约操作所涉及的数据，采取把数据的值置为空值的处理方法。

◇ 拒绝更新：对于用户的违约操作仅仅提供违约信息，并不采取任何有效的处理，而是直接采用拒绝执行更新操作的处理方法。

◇ 受限更新：对于涉及主键和外键的更新操作，不是直接拒绝，而是根据实际应用的具体情况来决定是否接收更新的处理方法。

◇ 级联更新:对于涉及主键和外键的更新操作,不是简单地接收和拒绝,而是根据实际应用的具体情况,在接受非违约更新的同时,把违约更新尽量转换为非违约更新,并最终接受更新的处理方法。

(2)完整性控制的实现:DBMS 完整性控制机制、主语言完整性控制机制和混合控制机制。

◇ DBMS 完整性控制机制:使用 DBMS 提供的功能完善的完整性控制机制来实现应用系统的数据完整性控制,是目前进行完整性控制的主要方式。

◇ 主语言完整性控制是指根据系统对属性、关系及其联系的完整性约束的需求,直接使用主语言进行自行设计,并实现完整性控制的机制。

◇ 混合控制机制:在充分利用 DBMS 完整性机制的基础上,使用主语言设计实现更复杂的完整性控制的处理方法和控制机制。

编辑完整性:CREATE TABLE,ALTER TABLE,MySQL Workbench 和主语言等。

索引机制:对于数据库的数据表,根据数据表的查询需要,按照查询数据所对应的关键属性,为数据表建立相应的用于快速检索的索引文件,在执行查询操作时,先在索引文件中找到查询的元组在数据表中位置(地址),然后再根据这个地址,去数据表中直接取出元组数据。这种先查询索引文件,再从数据表中取值的检索机制称为索引机制。

索引表:对关键属性(例如:主键)进行升序(或者降序)排序,由排序属性值及其对应的元组在表中的位置所组成的对照表,即索引属性值与元组地址的对照表。

索引作用:实现对数据库的快速访问。理论依据:B^+ 树、散列函数和桶等。

聚簇索引:在按照关键属性对数据表建立索引时,同时按照索引顺序对数据表的相应元组的物理存储位置进行排序,使得索引的顺序与数据表中相应元组的物理顺序始终保持一致的索引过程。

(1)聚簇索引与非聚簇索引的区别

◇ 聚簇索引的顺序与数据的物理存储顺序始终保持一致;非聚簇索引的顺序与数据物理排列顺序无关。

◇ 聚簇索引 B^+ 树的叶节点就是数据节点;非聚簇索引 B^+ 树的叶节点仍然是索引节点,其指针指向对应的元组或者数据块。

◇ 一个数据表最多只能有一个聚簇索引;非聚簇索引则可以有多个。

◇ 建立和维护非聚簇索引的开销一般相对比较小,而聚簇索引的开销则相当大。

◇ 聚簇索引适合于不需要更新或者更新比较少的应用，非聚簇索引则适合于更新比较多的应用。

◇ 聚簇索引的灵活性较差，一般不建议经常使用，非聚簇索引则相对比较灵活。

(2)聚簇索引作用：实现对数据库的快速访问。其维护费用很大。

(3)聚簇索引应用范围：

◇ 经常进行连接操作的数据表建议使用聚簇索引。

◇ 对于属性组的利用率很高或者重复率很高的关系建议使用聚簇索引。

◇ 需要经常进行插入、删除或者修改等更新操作的关系不建议使用聚簇索引。

◇ 对于更新操作远多于连接操作的关系不建议使用聚簇索引。

散列函数：指实现索引关键属性值的集合到桶地址的集合之间映射关系的函数，即把索引关键属性值映射到桶地址的函数。

散列索引：基于散列函数和桶的检索模式，即利用散列函数计算出存储数据的桶的地址，然后再按照桶地址访问桶中的数据。按照这种模式组织的文件称为散列文件，即首先在索引文件中进行检索，利用散列函数根据散列算法计算出存储数据的桶的地址，然后再按照找到的桶地址访问桶中的数据。

空间索引：依据空间对象的位置和形状或空间对象之间的某种空间关系按一定的顺序排列的一种数据结构（包含空间对象的概要信息）。作为辅助空间数据结构，空间索引介于空间操作算法和空间对象之间，通过筛选作用，大量与特定空间操作无关的空间对象被排除，从而提高空间操作的速度和效率。

全文索引：全文索引技术是目前搜索引擎的关键技术。即先定义一个词库，然后在文章中查找每个词条出现的频率和位置，把这样的频率和位置信息按照词库的顺序归纳，这样就相当于对文件建立了一个以词库为目录的索引，这样查找某个词的时候就能很快地定位到该词出现的位置。

常用索引：普通索引（UNIQUE）、唯一索引（INDEX）、主键索引（PRIMARY KEY）、空间索引（SPATIAL）和全文索引（FULLTEX）。

编辑索引：CREATE INDEX、ALTER INDEX 和 DROP INDEX 等。

实验一　数据完整性

一、实验目的

熟练掌握表中完整性约束的建立、修改和删除等使用方法。

二、实验内容

1. 分别利用 CREATE TABLE 和 MySQL Workbench 建立学生表 Student、课程表 Course 和选课表 StudentCourse 的如下实体完整性约束、参照完整性和用户定义完整性约束。

(1)Student 结构：

—— 代码:SNo,SName,SSex,Birth,SProf,Photo,SMemo

—— 含义:学号,姓名,性别,生日,专业,照片,简历

—— 类型:CHAR,CHAR,TINYINT,DATE,CHAR,BLOB,TEXT

—— 长度:6,8,1,默认,10, 默认, 默认

—— SNo:主键,非空

—— SName:非空

—— SSex:默认值为 1,只能为 0 或者 1;1 为男,0 为女

—— Birth:非空

—— SProf:默认值为空

(2)Course 结构：

—— 代码:CNo,CName,CSeme,CHour,CCred

—— 含义:课号,课名,学期,学时,学分

—— 类型:CHAR,CHAR,TINYINT,TINYINT,TINYINT

—— 长度:4,16,1,1,1

—— CNo:主键,非空

—— CName:非空

—— CSeme:非空,默认值为 1,取值范围只能使 1 到 8

—— CHour:非空

—— CCred:默认值为空

(3)StudentCourse 结构：

```
—— 代码:SNo,CNo,Grade
—— 含义:学号,课号,成绩
—— 类型:CHAR,CHAR,TINYINT
—— 长度:6,4,1
—— SNo:外键,非空;参照主键表 Student,参照主键 SNo
—— CNo:外键,非空;参照主键表 Course,参照主键 CNo
—— Grade:默认值为空,取值范围只能使 0 到 100
—— 主键:(SNo,CNo)
```

2. 利用 ALTER TABLE 修改三个表的完整性。

3. 按照实验报告模板,撰写实验报告。

参考素材:

1. 使用 MySQL 语句编辑 SInfo 的表 Student、Course 和 StudentCourse 的完整性

```
—— 删除学籍数据库 SInfo
DROP DATABASE IF EXISTS SInfo;
—— 建立学籍数据库 SInfo
CREATE DATABASE IF NOT EXISTS SInfo;
—— 打开学籍数据库 SInfo
USE SInfo;
—— 删除学生表 Student
DROP TABLE IF EXISTS Student;
—— 建立表 Student 及其完整性;要求如果 Student 不存在,则创建
CREATE TABLE IF NOT EXISTS Student(
  SNo CHAR(6) PRIMARY KEY NOT NULL,
  SName CHAR(8) NOT NULL,
  SSex TINYINT(1) NOT NULL DEFAULT '1'
      COMMENT '1 为男 0 为女' CHECK (SSex=0 OR SSex=1),
  Birth DATE NOT NULL,
  SProf CHAR(10) DEFAULT NULL,
  Photo BLOB,
  SMemo TEXT);
—— 删除课程表 Course
DROP TABLE IF EXISTS Course;
—— 建立课程表 Course 及其完整性
CREATE TABLE IF NOT EXISTS Course(
  CNo CHAR(4) PRIMARY KEY NOT NULL,
```

```
  CName CHAR(16) NOT NULL,
  CSeme TINYINT(1) NOT NULL DEFAULT '1'
    COMMENT '只能是 1－8' CHECK (CSeme>=1 AND CSeme<=8),
  CHour TINYINT(1) NOT NULL,
  CCred TINYINT(1) DEFAULT NULL);
-- 删除选课表 StudentCourse
DROP TABLE IF EXISTS StudentCourse;
-- 建立选课表 StudentCourse 及其完整性
CREATE TABLE IF NOT EXISTS StudentCourse(
  SNo CHAR(6) NOT NULL
      REFERENCES Student(SNo)
      ON DELETE CASCADE
      ON UPDATE CASCADE,
  CNo CHAR(4) NOT NULL
      REFERENCES Course(CNo)
      ON DELETE CASCADE
      ON UPDATE CASCADE,
  Grade TINYINT(1) DEFAULT NULL
      COMMENT '取值范围只能是 0－100' CHECK (Grade>=0 AND Grade<=100),
  PRIMARY KEY (SNo,CNo));
```

利用 ALTER TABLE 修改 3 个表的完整性。作为思考题，请自主完成。

2. 使用 MySQL Workbench 5.2 编辑数据库 SInfo

在图 3-9 中，选择"Alter Table"。如图 4-1 所示。

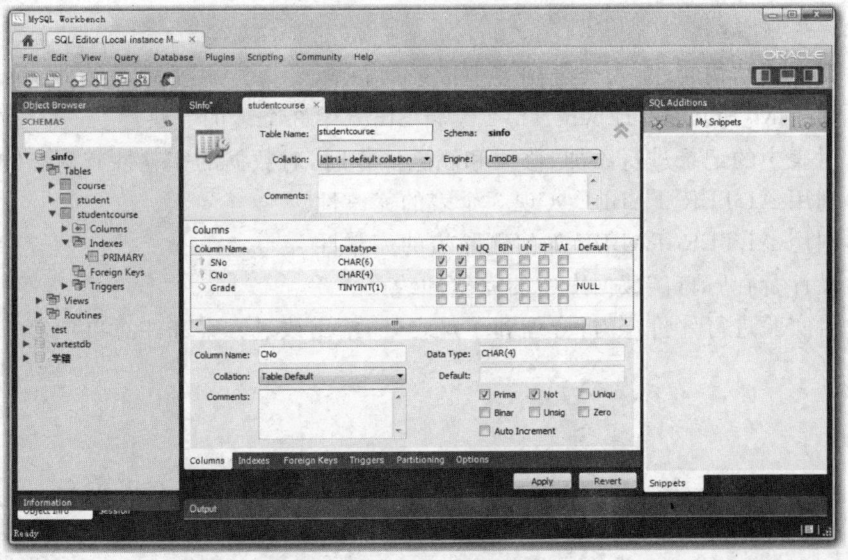

图 4-1　表的完整性编辑界面 1

在图 4-1 中，对表的实体完整性、参照完整性和用定义完整性等进行编辑。

在图 4-1 中，选择“Foreign Keys”，并建立两个外键 FSNo 和 FCNo 后的界面如图 4-2 所示。

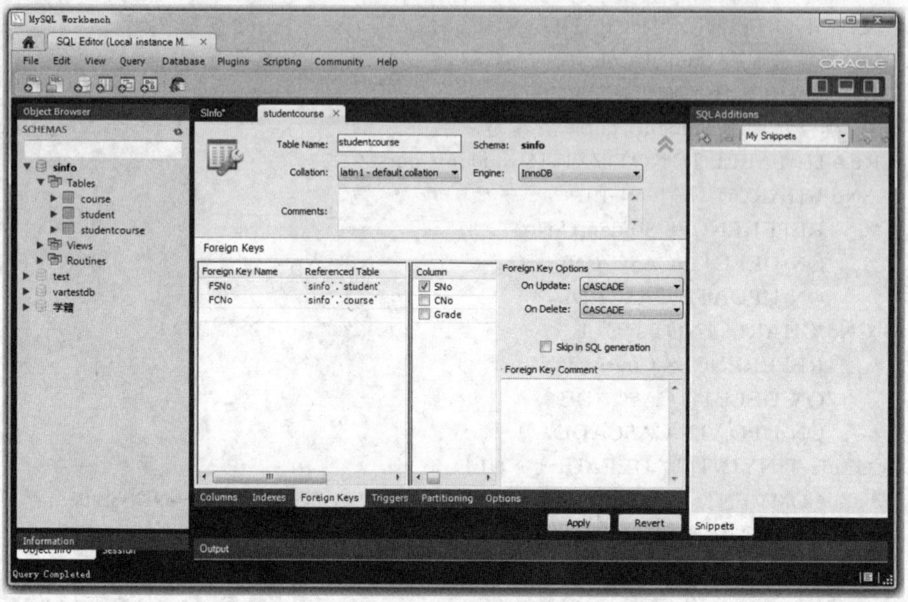

图 4-2　表的完整性编辑界面 2

三、实验思考

1. 修改表结构时，是否会受到表中记录的影响。
2. 使用 MySQL Workbench 5.2 编辑 SInfo 中 3 个表的完整性。
3. 对表中的记录进行添加、修改和删除操作时，对数据的完整性有何影响。
4. 利用 ALTER TABLE 实现 3 个表的完整性。
5. 利用 ALTER TABLE 如何删除表的完整性。
6. 设计“商品销售”数据库中的完整性约束。
7. 对实验进行评价，分析合理和不足之处，给出改进方案和注意事项等。

实验二　编辑索引

一、实验目的

熟练掌握表的索引的建立、查看、打开、修改和删除等使用方法。

二、实验内容

1. 分别利用 CREATE INDEX 和 MySQL Workbench，对学生表 Student，课程表 Course 和选课表 StudentCourse，建立相应的普通索引。

2. 使用关键字 UNIQUE、FULLTEXT 和 SPATIAL，分别建立唯一索引、全文索引和空间索引。

3. 分别利用 SHOW INDEX 和 MySQL Workbench 查看索引。

4. 分别利用 ALTER TABLE 和 MySQL Workbench 修改索引。

5. 分别利用 DROP INDEX 和 MySQL Workbench 删除索引。

6. 按照实验报告模板，撰写实验报告。

参考素材：

1. 使用 MySQL 语句编辑表 Student、Course 和 StudentCourse 的索引

```
-- 打开学籍数据库 SInfo
USE SInfo;
-- 在 Student 中，按照生日建立普通索引 IBirth
CREATE INDEX IBirth ON Student(Birth);
-- 在 Student 中，按照姓名建立唯一索引 IBirth
CREATE UNIQUE INDEX ISName ON Student(SName);
-- 在 Course 中，按照课名和学期建立复合普通索引 ICNoCName
ALTER TABLE Course ADD INDEX ICNoCName(CNo,CName);
-- 查看索引
SHOW INDEX FROM Student;
SHOW INDEX FROM Course;
-- 删除索引
DROP INDEX ISName ON Student;
ALTER TABLE Student
  DROP INDEX IBirth;
```

2. 使用 MySQL Workbench 5.2 编辑数据库 SInfo

在图 4-2 中，选择“Indexes”标签。如图 4-3 所示。

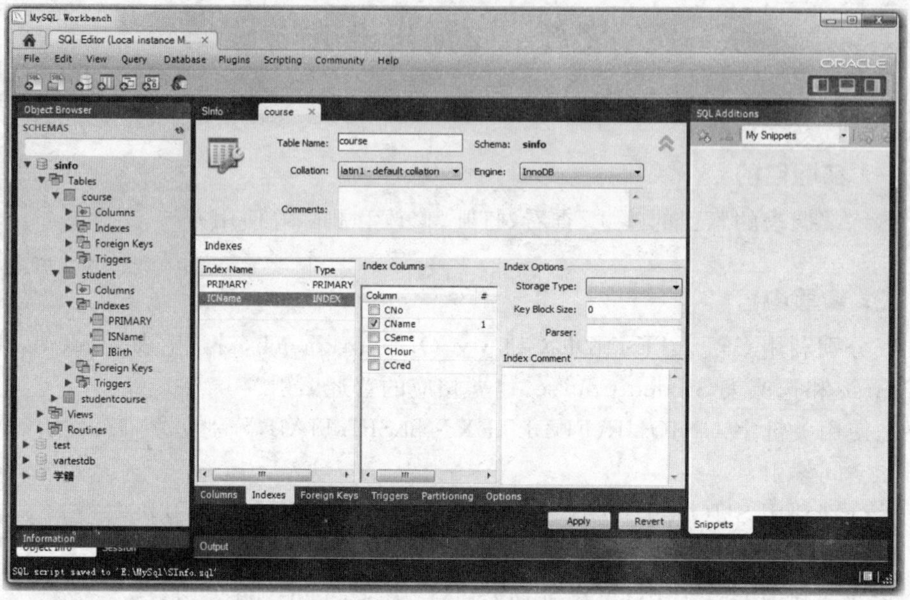

图 4-3 表索引的编辑界面

在图 4-3 中，可以直接对表中的索引进行修改和添加；同时可以通过快捷菜单实现表中索引的修改和删除等。

三、实验思考

1. 使用 ALTER TABLE 建立上述索引。

2. 使用 CREATE TABLE 建立上述索引。

3. 联系使用 FULLTEXT 和 SPATIALS，对表建立相应的全文索引和空间索引。

4. 建立索引对表中记录是否有影响。

5. 建立索引对查询有何影响。

6. 在“商品销售”数据库中，根据实际需要，自主编辑相应的索引。

7. 对实验进行评价，分析合理和不足之处，给出改进方案和注意事项等。

第五章　查询和视图

预备知识

关系数据语言是一种抽象的查询语言，关系运算是关系数据操纵语言的一种传统表达方式，数据的每个查询均可以表示成为关系运算表达式。

关系运算的特点是操作对象和操作结果都是集合。实现关系运算的主要关系数据语言为：关系代数语言 ISBL 和关系演算语言（元组关系演算语言 Alpha＋Quel，域关系演算语言 QBE）。

常用关系运算：笛卡尔积、并集、差集、交集、选择、投影、连接、除等。其中，笛卡尔积、并集、差集、选择、投影为基本运算；交集、连接、除为导出运算。

笛卡尔积（广义笛卡尔积）：把关系 $R(X_1,\cdots,X_n)$ 的每个元组和关系 $S(Y_1,\cdots,Y_m)$ 的每个元组依次对接后所生成的分量个数为 $n+m$ 的所有元组的集合。

关系代数：$R\times S$。

MySQL 实现：SELECT ＊ FROM 〈表 1〉，… ，〈表 n〉

选择：在 $R(X_1,\cdots,X_n)$ 中选择满足给定条件 $F(t)$ 的元组的集合。

关系代数：$\sigma_{F(t)}(R)$。

其中，$F(t)$ 是使用算术运算符（＋，－，＊，/）、关系运算符（$<,\leqslant,\geqslant,>,\neq,=$）和逻辑运算符（$\neg$，$\vee$，$\wedge$），把属性名、常量、变量、数组和函数等，按照指定的语法规则连接起来的有意义的条件表达式。

MySQL 实现：SELECT ＊ FROM 〈表〉 WHERE 〈条件表达式〉

投影：在 $R(X_1,\cdots,X_n)$ 中选择若干属性列组成的数据集合。

关系代数：$\pi_A(R)$。其中 A 是〈目标列表达式〉的集合。

MySQL 实现：SELECT 〈目标列表达式 1〉[，… ，〈目标列表达式 m〉] FROM 〈表〉

其中，〈目标列表达式〉是使用算术运算符（＋，－，＊，/），把属性名、常量、变量、数组和函数等，按照指定的语法规则连接起来的有意义的数值表达式或者字符表达式。

连接：把两个关系 $R(X_1,\cdots,X_n)$ 和 $S(Y_1,\cdots,Y_m)$，按照连接条件进行连接后生成一个新关系的过程。即根据指定的连接条件，依次检测 R 和 S 中的每个元组，如果 R 中的某个元组与 S 中的某个元组满足了连接条件，则把这两个元组对接起来，而最终所有对接后的元组的集合就是 R 和 S 的连接。

关系代数：$R \underset{R.A\theta S.B}{\bowtie} S$。$R.A\theta S.B$ 是 R 和 S 上的可比属性组成的逻辑表达式。

显然 R 和 S 的连接是 R 和 S 的笛卡尔积的选择运算，即 $\sigma_{R.A\theta S.B}(R\times S)$。

SQL 实现：SELECT ＊ FROM〈表 1〉，…，〈表 n〉WHERE〈连接条件表达式〉

其中，〈表 1〉，…，〈表 n〉不能同名。如果需要一表多用，则可以使用别名：

SELECT ＊ FROM〈表〉OneTable，〈表〉TwoTable
WHERE OneTable. 属性 θ TwoTable. 属性

等值连接（连接的特例）：R 和 S 的连接条件是 $R.A$ 和 $S.B$ 相等的连接运算，即：

$$R \underset{R.A\theta S.B}{\bowtie} S$$

自然连接（等值连接的特例）：R 和 S 的连接条件是 $R.B$ 和 $S.B$ 相等（B 为 R 和 S 的公共属性），并且去掉重复列的等值连接运算，即从关系和的笛卡尔积中选取公共属性的属性值相等的元组的集合，然后去掉重复的属性列，亦即去掉重复属性列的等值连接：

$$R \bowtie S$$

等值连接与自然连接的关系：等值连接和自然连接都要求选取属性之间按照等值进行连接；自然连接要求两个关系中相等的分量必须是相同的属性组，而等值连接不需要；自然连接要求在结果中去掉重复的属性列，而等值连接不需要。

并集：具有同质属性的 $R(X_1,\cdots,X_n)$ 和 $S(X_1,\cdots,X_n)$ 的所有元组的集合。

关系代数：$R\cup S$。

MySQL 实现：SELECT 语句
UNION
SELECT 语句

差集：具有同质属性的 $R(X_1,\cdots,X_n)$ 和 $S(X_1,\cdots,X_n)$ 中，属于 R 但不属于 S 的诸元组的集合。

关系代数：$R-S$。

MySQL 实现：转化为等价的关系表达式

交集:具有同质属性的 $R(X_1,\cdots,X_n)$ 和 $S(X_1,\cdots,X_n)$ 的所有相同元组的集合。

关系代数:$R\cap S$。

交集与差集的关系是 $R\cap S=R-(R-S)$。

MySQL 实现:转化为等价的关系表达式

除:在 $R(X,Y)$ 中,选择满足条件 $S(Y,Z)$ 的元组在 X 上的投影。即 $R\div S$ 是属性组为 X 的关系 $P(X)$,并且满足对于 $P(X)$ 的元组 p,R 中在 X 上的投影值等于 p 的诸元组,在 Y 上的投影包含 S 在 Y 上的投影。

显然成立:若 $Y=\varnothing$,则 $R\div S=R$;Z 与 $R\div S$ 无关;$P\times S\subseteq R$。

关系代数:$R\div S=\pi_{X-Y}(R)-\pi_{X-Y}((\pi_{X-Y}(R)\times S)-R)$。

SQL 实现:使用基本运算的 SQL 的实现方法导出。

计算方法:设 $R(X)$,$S(Y)$,且 $X\supseteq Y$,否则使用 $X\cap Y$ 代替 Y。

①计算 $T=\pi_{X-Y}(R)$。

②计算 $V=T\times S-R$。即:计算 $T\times S$ 中不在 R 中的元组。

③计算 $W=\pi_{X-Y}(V)$。

④计算 $R\div S=T-W$。

通用公式:$R\div S=\pi_{X-(X\cap Y)}(R)-\pi_{X-(X\cap Y)}((\pi_{X-(X\cap Y)}(R)\times\pi_{X\cap Y}(S))-R)$。

查询优化:为了提高查询速度,利用排序、索引、交集、并集、差集、除、选择、投影、笛卡尔积、连接等多种代数运算对关系代数表达式进行的一系列优化等价变换,并且使查询费用降低到最低,从而提高查询效率的优化过程。目标:选择最有效的查询策略,使用最低的查询费用查询出用户所需信息。

查询优化的基本规则:

①对关系进行索引或者排序等预处理。

②选择(减少元组)和投影(减少属性)提前运算,先选择后投影并同时运算。

③投影与其相邻的双目运算同时运算(减少数据库的访问次数和对元组的扫描次数)。

④选择与其前的笛卡尔积合并为连接(减少数据库的访问次数和对元组的扫描次数)。

⑤提取公共代数表达因子(减少重复运算)。

查询优化的方法步骤:

①预处理:对查询涉及的关系,进行索引或者排序等预处理。

②给出基本关系表示:利用并集、差集、笛卡尔积、选择和投影等基本运算进行表达。

③绘制初始查询语法树：根据查询代数表达式，绘制与之相对应的语法树。

④分解选择运算：把与多个关系有关的查询条件，分解成与较少关系有关的子条件，从而把查询分解为多个子查询；并把每个子查询，移向叶节点；更新语法树。

⑤分解投影运算：把与多个关系有关的投影属性，分解成与较少的关系有关的子属性，从而把投影分解为多个子投影；并把每个子投影，移向叶节点；更新语法树。

⑥合并选择和投影运算：同时执行相邻的选择和投影，并在一次扫描中完成。

⑦结点分组：把双目运算结点与其相邻的单目运算分为一组，并在一次扫描中执行。

⑧生成查询优化器：把多个不同的等价优化语法树，转化为相应的优化查询方案，所有的优化查询方案组成查询优化器。

⑨选择最优查询：针对具体查询，从查询优化器中，选择当前查询费用最低的方案。

SQL 查询：

```
SELECT [ALL|DISTINCT]〈目标列表达式〉[,〈目标列表达式〉] …
  FROM〈表名或视图名〉[,〈表名或视图名〉] …
  [ WHERE〈条件表达式〉]
  [ GROUP BY〈列名〉[ HAVING〈条件表达式〉] ]
  [ ORDER BY〈列名〉[ ASC|DESC ] ]
```

其中：* 是所有列；All 是所有元组；DISTINCT 是去掉重复元组；FROM 是查询对象（基本表或视图）；WHERE 是查询（连接）条件，省略 WHERE 是查询所有元组；GROUP BY 是查询结果按指定列值分组，属性列值相等的元组为一组，通常配合集函数实现分类统计；HAVING 是筛选满足条件的分组；ORDER BY 是查询结果按指定列值升序（ASC）或降序排序（DESC），默认的是升序。

视图定义：利用查询语句定义的，从一个或者多个数据表中导出的虚表，即视图不存放具体数据，只有执行时才从原始表中取出相应数据，因此视图数据随着原始表的变化而变化。视图是数据库逻辑模式的局部数据的临时体现。视图是一种外模式。

视图特点：

(1)视图即虚表。视图本身仅仅是视图定义，不包含具体的数据，即虚表。

(2)视图数据是临时数据。因此，不会出现数据冗余。

(3)视图数据自动更新。视图数据临时来自表，所以原表变化，视图会随之变化。

(4)在视图上可以创建新视图。

视图作用:简化用户操作;清晰表达查询;同一数据以不同形式提供给不同用户;一定程度上提高DB的保密性和保护性;提供一定程度的DB模式结构的逻辑独立性。

视图与表的关系:

区别:

(1)概念不同。表是使用DBMS的DDL定义的,拥有真实数据,以独立文件的形式存储在计算机外存上的具有固定模式结构和相应元组数据的关系表;视图是利用带有查询语句的视图定义,从数据表或视图中导出的虚表。

(2)数据有效期不同。表是拥有数据的实表,而视图是只有视图定义的虚表。

(3)数据存储不同。表永久存储在外存,而视图只在执行时创建临时表,用后释放。

(4)更新方式不同。表一般可以任意更新,而视图一般不能任意更新。

(5)创建方法不同。表使用CREATE TABLE,而视图使用CREATE VIEW。

联系:视图最终定义在表之上,视图数据最终来自表;表是创建视图的基础,并为视图提供数据,若表结构发生了改变,或者删除了表,则其相应的视图会失去意义,需要修改或者删除视图。对于最终用户,视图与表基本相同,用户可以按照表的用法来使用视图。

视图的MySQL实现:利用SQL的视图机制建立、修改、查询、更新和删除视图。

(1)建立:CREATE VIEW〈视图名〉[(〈列名〉[,〈列名〉]…)] AS
SELECT 语句
[WITH CHECK OPTION]

〈视图名〉是视图的名称。〈列名〉是视图的列名称;如果列是表达式,或者列同名,或者列改名,则指定列名,否则视图列与SELECT语句的属性列同名。AS是视图执行的操作。SELECT语句是任意查询。WITH CHECK OPTION是可选项,强制视图执行的所有修改语句都必须符合SELECT语句的条件。

(2)修改:ALTER VIEW〈视图名〉[(〈列名〉[,〈列名〉]…)] AS
SECLECT 语句
[WITH CHECK OPTION]

(3)删除:DROP VIEW〈视图名〉[,〈视图〉…]

(4)查询:使用查询语句SELECT对视图实施查询的过程。用法同表的查询。

(5)更新:使用插入(INSERT)、修改(UPDATE)和删除(DELETE)语句,通过对视图的更新实现对表的元组数据进行更新。视图不能任意更新,具体更新条件是：更新只能引用表的基本列，不能通过任何方式利用聚合函数（AVG、COUNT、SUM、MIN、MAX）进行计算和派生；更新必须可逆；更新列不受 GROUP BY、HAVING 或者 DISTINCT 的影响。

实验一　数据查询

一、实验目的

熟练掌握关系代数理论和关系查询语言及其在 MySQL 中的使用方法。

二、实验内容

1. 分别利用 SELECT…FROM…和 MySQL Workbench 建立学生表 Student（别名 S），课程表 Course（别名 C）和选课表 StudentCourse（别名 Sc）的数据查询。
2. 利用 UNION 实现数据的并集操作。
3. 单表查询：选择、投影、分类统计、排序等。
4. 多表查询。笛卡尔积、条件连接、等值连接、自然连接、（左右）外连接等。
5. 按照实验报告模板，撰写实验报告。

参考素材：

1. 使用 SELECT 语句查询 SInfo 的表 Student、Course 和 StudentCourse

```
—— 打开学籍数据库 SInfo
USE SInfo;
—— 查询 Student，Course 和 StudentCourse 中的所有笛卡尔积数据（不建议使用）
SELECT * FROM Student，Course，StudentCourse;
—— 查询年龄大于等于 16 岁或者电子商务专业的学生信息
SELECT * FROM Student WHERE SProf='电子商务'
UNION
SELECT * FROM Student WHERE YEAR(NOW())-YEAR(Birth)<16;
SELECT DISTINCT * FROM Student
  WHERE SProf='电子商务' OR YEAR(NOW())-YEAR(Birth)<16;
—— 查询选修课程 0101 或者选修课程 0102 的学生学号
SELECT SNo FROM StudentCourse WHERE CNo='0101'
UNION
SELECT SNo FROM StudentCourse WHERE CNo='0102';
```

```
SELECT DISTINCT SNo FROM StudentCourse
  WHERE CNo='0101' OR CNo='0102';
-- 查询电子商务专业年龄不小于16岁的学生信息
SELECT * FROM Student
  WHERE SProf='电子商务' AND YEAR(NOW())-YEAR(Birth)>=16;
-- 查询选修课程0101,而没有选修课程0102的学生的学号,分析错误,给出正确答案
SELECT DISTINCT SNo FROM StudentCourse
          WHERE CNo='0101' AND CNo<>'0102'
-- 查询通信工程专业男生的学生信息
SELECT * FROM Student
  WHERE SProf='通信工程' AND SSEx=1;
-- 查询同时选修课程0101和课程0102的学生学号,分析错误
SELECT SNo FROM StudentCourse WHERE CNo='0101' AND SNo IN
  (SELECT SNo FROM StudentCourse WHERE CNo='0102');
-- 错误:SELECT DISTINCT SNo FROM StudentCourse
        WHERE CNo='0101' AND CNo='0102'
-- 查询年龄在20~22岁(包括20岁和22岁)的学生姓名、专业和年龄
SELECT SName,SProf,YEAR(NOW())-YEAR(Birth) AS SAge
  FROM Student
  WHERE YEAR(NOW())-YEAR(Birth) BETWEEN 20 AND 22;
-- 查询年龄小于20或者大于22的学生姓名、专业和年龄
SELECT SName,SProf,YEAR(NOW())-YEAR(Birth) SAge
  FROM Student
  WHERE YEAR(NOW())-YEAR(Birth) NOT BETWEEN 20 AND 22;
SELECT SName,SProf,YEAR(NOW())-YEAR(Birth) SAge
  FROM Student
  WHERE YEAR(NOW())-YEAR(Birth)<20 OR YEAR(NOW())-YEAR(Birth)>22;
-- 查询电子商务和通信工程专业的学生姓名
SELECT SName FROM Student WHERE SProf IN ('电子商务','通信工程');
SELECT SName FROM Student WHERE SProf='电子商务' OR SProf='通信工程';
-- 查询学号为120101的学生信息
SELECT * FROM Student WHERE SNo LIKE '120101';
SELECT * FROM Student WHERE SNo='120101';
-- 查询姓张的学生的姓名、学号和性别
SELECT SName,SNo,SSex FROM Student WHERE SName LIKE '张%';
-- 查询姓"王"且第三个汉字为"国"的学生姓名
SELECT SName FROM Student WHERE SName LIKE '王_国%';
```

```
-- 说明:%表示任意多个(包括长度为0)的字符串。
--         x%y表示以x开头,以y结尾的任意长度的字符串。
--         _(下画线)代表任意单个字符。x_y表示以x开头,
--         以y结尾的长度为3的字符串。
--         若查询的字符串本身包含%或_时,
--         需要使用ESCAPE '字符'指定转义字符进行转义
-- 查询课程名为"Java_课程设计"的课程号
SELECT CNo FROM Course WHERE CName LIKE 'Java#_课程设计' ESCAPE '#';
-- 查询以"Java_"开头,且倒数第2个字符为x的课程的详细情况
SELECT * FROM Course WHERE CName LIKE 'Java#_%x_' ESCAPE '#';
-- 查询选修课程号为0101的学生学号和成绩,查询结果按分数降序排列。
SELECT SNo,Grade FROM StudentCourse
  WHERE CNo='0101' ORDER BY Grade DESC;
-- 查询选修课程号为0102的学生学号,查询结果按分数升序排列,同时去掉重复行
SELECT DISTINCT SNo FROM StudentCourse
  WHERE CNo='0102' ORDER BY Grade;
-- 查询全体学生信息,查询结果先按性别升序排序,然后再按专业降序排序
SELECT * FROM Student ORDER BY SSex,SProf DESC;
-- 说明:ORDER BY只能用于对最终查询结果进行排序,而且只能放在整个语句最后
-- 查询学生总人数
SELECT COUNT(*) FROM Student;
-- 说明:常用统计函数为统计元组个数函数COUNT();计算平均值AVG();计算和值
SUM();最大值函数MAX();最小值函数MIN()
-- 查询选修了课程的学生人数
SELECT COUNT(DISTINCT SNo) FROM StudentCourse;
-- 计算课程号为0101的课程的课程号、最高、最低和平均成绩
SELECT CNo,MAX(Grade),MIN(Grade),AVG(Grade) FROM StudentCourse
  WHERE CNo='0101' GROUP BY CNo;
-- 统计各门课程及其选修人数
SELECT CNo,COUNT(SNo) FROM StudentCourse GROUP BY CNo;
-- 查询选修2门以上课程的学生学号
SELECT SNo FROM StudentCourse GROUP BY SNo HAVING COUNT(*)>2;
-- 查询至少1门课程是90分以上的学生学号
SELECT SNo FROM StudentCourse WHERE Grade>=90 GROUP BY SNo HAVING
COUNT(*)>=1;
-- 说明:如果SELECT语句中使用了GROUP BY,
-- 则统计函数对每一分组有效,即分类统计:
```

```
-- 先把满足条件的元组进行分组,然后统计每一个分组的相应数据。
-- COUNT()相当于分类统计元组的个数;AVG()相当于分类求平均值;
-- SUM()相当于分类求和;MAX()相当于分类求最大值;
-- MIN()相当于分类求最小值
-- 查询全体学生及其选修课程的详细信息
SELECT * FROM Student,StudentCourse WHERE Student.SNo=StudentCourse.SNo;
SELECT Student.SNo,SName,SSex,Birth,SProf,Photo,SMemo,CNo,Grade
  FROM Student,StudentCourse WHERE Student.SNo=StudentCourse.SNo;
-- 查询每个学生的学号、姓名、选修的课程名及成绩
SELECT Student.SNo,SName,CName,Grade
  FROM Student,StudentCourse,Course
  WHERE Student.SNo=StudentCourse.SNo and StudentCourse.CNo=Course.CNo;
-- 查询与张三同专业的学生的学号和姓名
SELECT S1.SNo,S1.SName FROM Student S1,Student S2
  WHERE S1.SProf=S2.SProf AND S2.SName='张三';
SELECT SNo,SName FROM Student WHERE SProf IN
  (SELECT SProf FROM Student WHERE SName='张三');
SELECT SNo,SName FROM Student S1 WHERE EXISTS
  (SELECT * FROM Student S2 WHERE S2.SProf=S1.SProf AND S2.SName='张三
');
-- 说明:查询语句作为一个整体,
-- 可以嵌套在另一个查询语句的 WHERE 子句或者 HAVING 子句中,
-- 从而构成嵌套查询。IN 之后的选择结果只有一个值时,可用"="代替
-- 查询选修"程序语言"的学生姓名
SELECT SName FROM Student WHERE SNo IN
  (SELECT SNo FROM StudentCourse WHERE CNo IN
     (SELECT CNo FROM Course WHERE CName='程序语言'));
SELECT SName FROM Student S,StudentCourse SC,Course C
  WHERE S.SNo=SC.SNo AND SC.CNo=C.CNo AND C.CName='程序语言';
-- 查询比电子商务专业某个学生年龄小的非电子商务专业的学生姓名
SELECT SName FROM Student
  WHERE SProf<>'电子商务' AND (YEAR(NOW())-YEAR(Birth))<ANY
  (SELECT (YEAR(NOW())-YEAR(Birth)) FROM Student WHERE SProf='电子
商务');
SELECT SName FROM Student
  WHERE SProf<>'电子商务' AND (YEAR(NOW())-YEAR(Birth))<
  (SELECT MAX(YEAR(NOW())-YEAR(Birth))
```

```
        FROM Student WHERE SProf='电子商务');
-- 查询比电子商务专业所有学生年龄都小的非电子商务专业的学生姓名
SELECT SName FROM Student
  WHERE SProf<>'电子商务' AND (YEAR(NOW())-YEAR(Birth))<ALL
  (SELECT (YEAR(NOW())-YEAR(Birth)) FROM Student WHERE SProf='电子商务');
SELECT SName FROM Student
  WHERE SProf<>'电子商务' AND (YEAR(NOW())-YEAR(Birth))<
  (SELECT MIN(YEAR(NOW())-YEAR(Birth))
        FROM Student WHERE SProf='电子商务');
-- 查询选修全部课程的学生姓名,即没有一门课是他不选的
SELECT SName FROM Student S WHERE NOT EXISTS
  (SELECT * FROM Course C WHERE NOT EXISTS
  (SELECT * FROM StudentCourse SC WHERE SC.SNo=S.SNo AND SC.CNo=C.CNo));
-- 查询至少选修学号为 120201 的学生选修的全部课程的学生的学号
-- 即不存在课程 c,学生 120201 选修了 c,而学生 s 没有选
SELECT DISTINCT SNo FROM StudentCourse X WHERE NOT EXISTS
  (SELECT * FROM StudentCourse Y WHERE Y.SNo='120201' AND NOT EXISTS
  (SELECT * FROM StudentCourse Z WHERE Z.SNo=X.SNo AND Z.CNo=Y.CNo));
-- 查询选修了"软件工程"的学生姓名
SELECT SName FROM Student WHERE SNo IN
  (SELECT SNo FROM StudentCourse WHERE CNo IN
     (SELECT CNo FROM Course WHERE CName='软件工程'));
-- 查询每个学生的姓名、课名及成绩,并且显示的标题分别为姓名、课名和成绩
SELECT SName "姓名",CName "课程名",Grade "成绩"
  FROM Student,StudentCourse,Course
  WHERE Student.SNo=StudentCourse.SNo and StudentCourse.CNo=Course.CNo;
-- 查询每个学生的姓名、课名及成绩,并且显示的标题分别为姓名、课名和成绩;
-- 要求成绩分"优秀"、"良好"、"中等"、"及格"和"不及格"显示
SELECT SName "姓名",CName "课程名",
  CASE
  WHEN Grade>=90 THEN "优秀"
  WHEN Grade>=80 THEN "良好"
  WHEN Grade>=70 THEN "中等"
  WHEN Grade>=60 THEN "及格"
```

```
  ELSE "不及格"
  END AS "成绩"
  FROM Student,StudentCourse,Course
  WHERE Student.SNo=StudentCourse.SNo and StudentCourse.CNo=Course.CNo;
-- 查询学号为 120101 的学生的总成绩
SELECT SNo,SUM(Grade)
  FROM StudentCourse
  WHERE SNo='120101';
-- 查询课程号为 0101 的课程号、最低分、最高分、均分、总分、方差和标准差
SELECT CNo,MIN(Grade),MAX(Grade),AVG(Grade),
SUM(Grade),VARIANCE(Grade),STDDEV(Grade)
  FROM StudentCourse
  WHERE CNo='0101';
-- 查询课程不同,成绩相同的学生的学号、课程号和成绩课程名
SELECT X.SNo,X.CNo,Y.CNo,X.Grade
  FROM StudentCourse X JOIN StudentCourse Y
  ON X.Grade=Y.Grade AND X.SNo=Y.SNo AND X.CNo! =Y.CNo;
-- 查询选修 0101 课程,成绩大于等于 80 分的学生的姓名和成绩,
-- 要求使用 JOIN 连接
SELECT SName,Grade
  FROM Student JOIN StudentCourse ON (Student.SNo=StudentCourse.SNo)
  WHERE CNo='0101' AND Grade>=80;
-- 查询选修了"软件工程"且成绩大于等于 90 分的姓名、课程名和成绩,
-- 要求使用 JOIN 连接
SELECT SName,CName,Grade
  FROM Student JOIN StudentCourse On StudentCourse.SNo=Student.SNo
               JOIN Course ON StudentCourse.CNo=Course.CNo
  WHERE CName='软件工程' AND Grade>=90;
-- 查询所有学生选过的课程号和课程名,要求使用一般连接
SELECT DISTINCT StudentCourse.CNo,CName
  FROM Course,StudentCourse
  WHERE StudentCourse.CNo=Course.CNo;
-- 查询所有学生选过的课程号和课程名,要求使用内连接
SELECT DISTINCT StudentCourse.CNo,CName
  FROM Course INNER JOIN StudentCourse
  ON (StudentCourse.CNo=Course.CNo);
-- 查询所有学生选过的课程号和课程名,要求使用自然连接
```

```
SELECT DISTINCT StudentCourse.CNo,CName
  FROM Course NATURAL JOIN StudentCourse;
-- 查询所有学生情况及其选修的课程号,要求包括没有选课的学生
SELECT Student.*,CNo
  FROM Student LEFT OUTER JOIN StudentCourse
  ON Student.SNo=StudentCourse.SNo;
-- 查询被选修了的课程的选课情况和所有开设的课程名
SELECT StudentCourse.*,CName
  FROM StudentCourse RIGHT OUTER JOIN Course
  ON StudentCourse.CNo=Course.CNo;
-- 查询备注为空的学生信息
SELECT * FROM Student WHERE SMemo IS NULL;
-- 查询备注为空的前 3 个学生的信息
SELECT * FROM Student WHERE SMemo IS NULL LIMIT 3;
```

2. 使用 MySQL Workbench 5.2 编辑数据库 SInfo

在图 4-3 中,单击“”创建 SQL 查询文档编辑器,如图 5-1 所示。或者在图 4-3 中,单击“”或者“”,可以创建 SQL 查询文档编辑器,同时打开一个 SQL 查询文档(*.sql;例如:Sinfo.sql)。如图 5-1 所示。

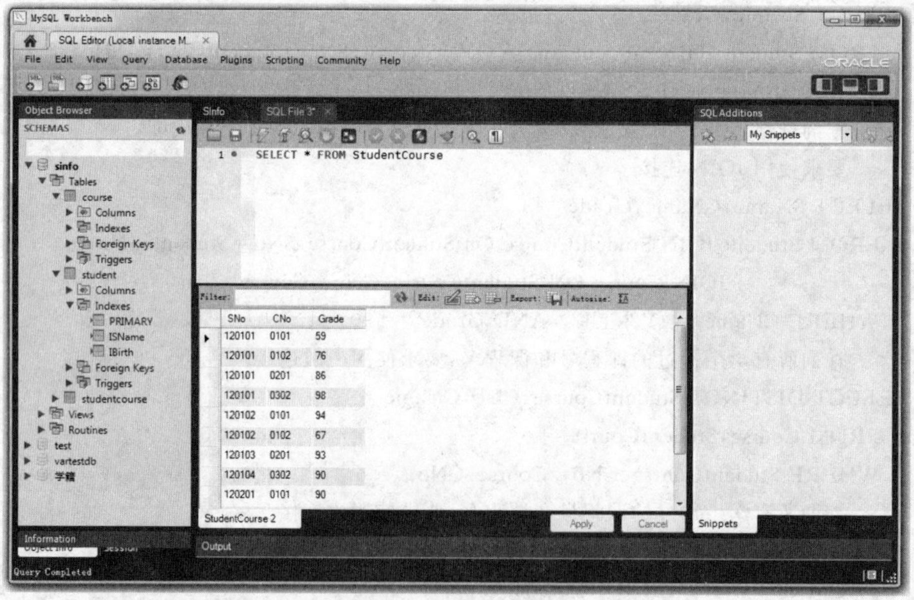

图 5-1 SQL 查询文档编辑器

在图 5-1 中，可以对 SQL 查询文档进行输入、修改和删除等编辑操作。

在图 5-1 中，单击“”，可以把编辑的文档保存为 SQL 查询文档(＊.sql)。

在图 5-1 中，单击“”，可以执行 SQL 查询文档(＊.sql)中的 MySQL 语句。

三、实验思考

1. 在进行多表查询时，如果不写明表之间的连接，则会产生什么样的后果。
2. 理解连接、等值连接和自然连接，如何实现这些连接查询。
3. 总结 JOIN 在 SELECT 语句中的使用方法。
4. 理解关系代数在数据查询中的重要性，熟练掌握 SELECT 的重要性和用法。
5. 理解内连接和外连接的概念及使用方法。
6. 在“商品销售”数据库中，自主练习若干有意义的查询。

参考 MySQL 语句：

```
—— 在销售中，查询销售额大于 160000 的销售信息
SELECT ＊ FROM 销售 WHERE 销售额＞160000;
—— 在销售中，查询销售额小于等于 160000 的店号和品号
SELECT 店号，品号 FROM 销售 WHERE 销售额＜＝160000;
—— 在销售中，统计每类商品的品号和销售额
SELECT 品号，SUM(销售额) FROM 销售 GROUP BY 品号;
—— 在销售中，统计至少销售两次商品的店号和销售额
SELECT 店号，SUM(销售额) FROM 销售 GROUP BY 店号 HAVING COUNT(＊)＞＝2;
—— 在销售中，查询全部销售信息，并按照销售额从大到小排序
SELECT ＊ FROM 销售 ORDER BY 销售额 DESC;
—— 在销售中，查询销售额最高的店号和品号
SELECT 店号，品号，销售额 FROM 销售 WHERE 销售额＝
  (SELECT MAX(销售额) FROM 销售);
—— 在销售中，查询每类售出商品的品号以及销售额的最高、最低和平均值
SELECT 品号，MAX(销售额)，MIN(销售额)，AVG(销售额)
  FROM 销售 GROUP BY 品号;
—— 在销售中，查询售出每类商品的品号和数量
SELECT 品号，COUNT(品号) FROM 销售 GROUP BY 品号;
—— 在销售中，查询售出每类商品的品号
SELECT DISTINCT 品号 FROM 销售;
—— 在销售中，查询售出商品的类数
SELECT COUNT(DISTINCT 品号) FROM 销售;
—— 在销售中，查询销售品号为 P00001 的商店的个数
```

```
SELECT COUNT(DISTINCT 店号) FROM 销售 WHERE 品号='P00001';
-- 查询职工、商店、商品、销售的笛卡尔积
SELECT * FROM 职工,商店,商品,销售;
-- 查询在店号和品号后位相等时的店号、店名、品号、品名(条件连接)
SELECT 店号,店名,品号,品名 FROM 商店,商品
  WHERE RIGHT(店号,5)=RIGHT(品号,5);
-- 查询每个商店销售商品的详细信息(等值连接)
SELECT * FROM 商店,商品,销售
  WHERE 商店.店号=销售.店号 AND 商品.品号=销售.品号;
-- 查询每个商店销售商品的详细信息(自然连接)
SELECT 商店.店号,店名,店址,电话,商品.品号,品名,厂名,厂址,单价,数量,销售额
  FROM 商店,商品,销售
  WHERE 商店.店号=销售.店号 AND 商品.品号=销售.品号;
-- 查询工号为A00001的职工所在商店销售品号为P00002的商品的
-- 店名,品名和销售额
SELECT 商店.店名,品名,销售额 FROM 商店,商品,销售,职工
  WHERE 商店.店号=销售.店号 AND 商品.品号=销售.品号 AND
商店.店号=职工.店号 AND 工号='A00001' AND 商品.品号='P00002';
```

7. 对实验进行评价,分析合理和不足之处,给出改进方案和注意事项等。

实验二　视图管理

一、实验目的

熟练掌握视图的建立、查看、打开、修改和删除等使用方法。

二、实验内容

1. 分别利用 CREATE VIEW 和 MySQL Workbench 建立 SInfo 的相关视图。
2. 分别利用 SHOW CREATE VIEW 和 MySQL Workbench 查看视图。
3. 分别利用 ALTER VIEW 和 MySQL Workbench 修改视图。
4. 分别利用 DROP VIEW 和 MySQL Workbench 删除视图。
5. 按照实验报告模板,撰写实验报告。

参考素材:

1.使用 MySQL 语句编辑视图

```
-- 打开学籍数据库 SInfo
USE SInfo;
-- 建立选修“软件工程”的学生的学号、姓名、性别、课程名和成绩的视图 SSoftViw
CREATE VIEW SSoftViw(SNo,SName,SSex,CName,Grade) AS
    SELECT Student.SNo,SName,SSex,CName,Grade
    FROM Student,StudentCourse,Course
    WHERE StudentCourse.SNo=Student.SNo AND
        StudentCourse.CNo=Course.CNo AND CName='软件工程';
-- 查看视图 SSoftViw
SHOW CREATE VIEW SSoftViw;
-- 把视图 SSoftViw 限制为男生信息
ALTER VIEW SSoftViw(SNo, SName, SSex, CName, Grade) AS
    SELECT Student. SNo, SName, SSex, CName, Grade
    FROM Student, StudentCourse, Course
    WHERE StudentCourse.SNo=Student.SNo AND SSex='男' AND
        StudentCourse.CNo=Course.CNo AND CName='软件工程';
-- 利用视图 SSoftViw,查询“软件工程”的课程名、最分、最分和平均分
SELECT CName, MAX(Grade), MIN(Grade), AVG(Grade)
    FROM SSoftViw
    GROUP BY CName;
-- 对于视图 SSoftViw,能否利用 INSERT 实现记录的插入
-- 对于视图 SSoftViw,能否利用 UPDATE 实现记录的修改
-- 对于视图 SSoftViw,能否利用 DELETE 实现记录的删除
-- 删除视图 SSoftViw
DROP VIEW SSoftViw
```

自行构造若干具有实际意义的视图及其插入、修改和删除等操作。

2.使用 MySQL Workbench 5.2 编辑视图

在如图 3-4 所示的 SQL 多文档编辑器中,展开数据库 Sinfo;然后右击“Views”(或者展开“Views”后,右击一个指定的视图)。如图 5-2 所示。

在图 5-2 中,选择“Create View”(如图 5-3 所示),然后在图 5-3 中的“DDL:”右侧的文本编辑区输入建立视图的 MySQL 语句,单击“Apply”;在“Review the Script to be Applied on the Database”界面中单击“Apply”;最后在执行界面中选中“Execute SQL Statements”后,单击“Finish”。

在图 5-2 中,选择“Alter View”,可以打开选定的视图进行修改。

在图 5-2 中，选择“Drop View”，可以删除选定的视图。

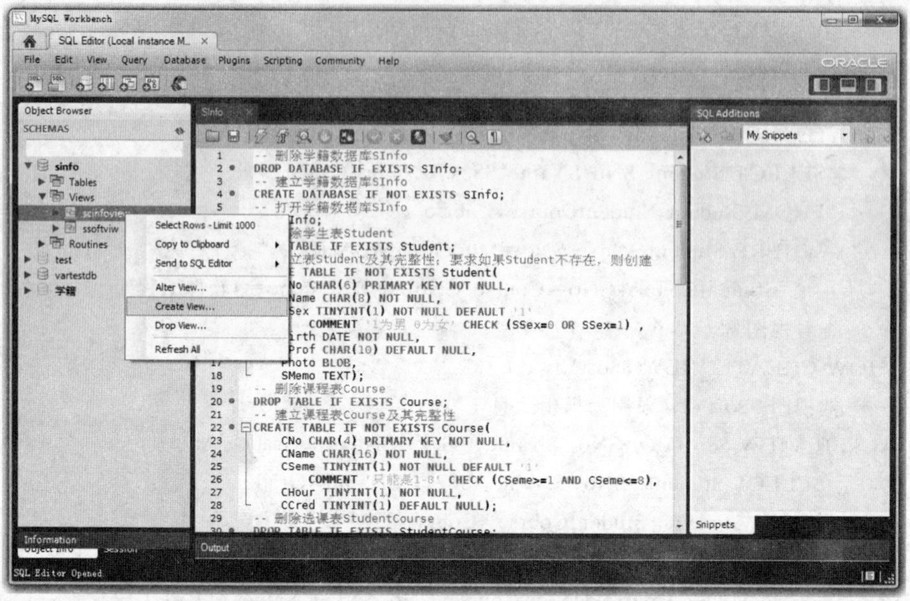

图 5-2　MySQL Editor 的视图快捷菜单

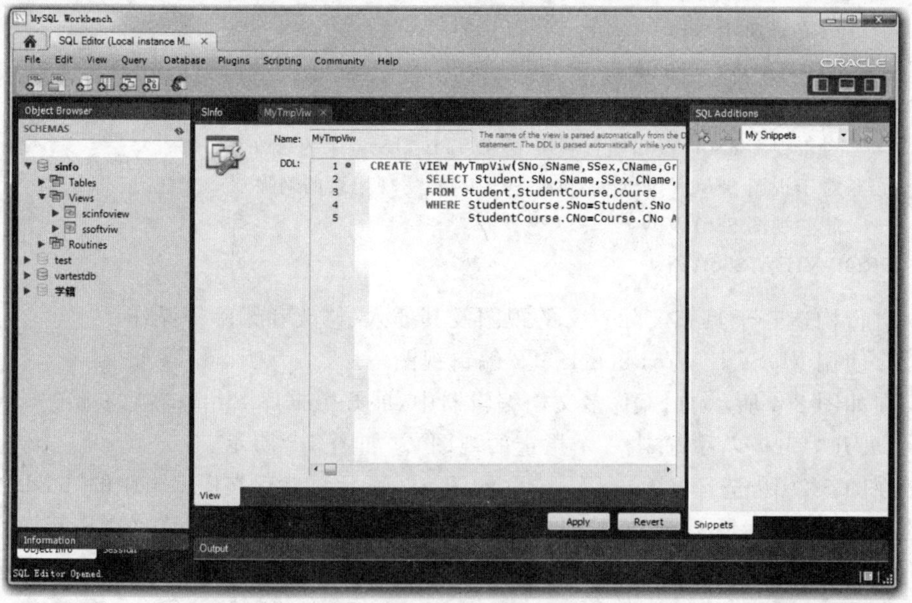

图 5-3　视图编辑界面

三、实验思考

1. 理解表与视图的概念、区别和联系。
2. 视图是否可以任意更新？分析视图可以更新的情况。
3. 视图是否可以加快查询速度？
4. 在“商品销售”数据库中，自主构造若干具有实际意义的视图。
5. 对实验进行评价，分析合理和不足之处，给出改进方案和注意事项等。

第六章　存储过程和用户函数

预备知识

MySQL 数据库引擎嵌入并支持存储过程和存储函数的程序设计机制。

存储过程：能够接收和返回用户参数，并能够完成预定任务的 SQL 语句集合，即存储过程就是程序。用户通过调用存储过程可以执行其中的 SQL 语句。

用户函数：能够接收用户参数，并且使用 RETURN 返回计算结果，同时能够完成预定任务的 SQL 语句集合。用户函数也是程序。通过调用用户函数可以返回数据处理后的结果。

存储过程和用户函数功能：提高程序执行速度，使程序模块化，减少网络通信量和保证系统的安全性。

存储过程和用户函数的 MySQL 语句：

```
—— 语句结束标志
DELIMITER $ $
—— 建立存储过程
CREATE PROCEDURE〈过程名〉(
  IN InVar1 Type1, … ,IN InVarn Typen,
  OUT OutVar1 Type1, … ,OUT OutVarn Typen,
  INOUT Var1 Type1, … ,INOUT VarM Typen)
BEGIN
  MySQL 语句序列
END
—— 编辑存储过程
ALTER PROCEDURE
DROP PROCEDURE
SHOW CREATE PROCEDURE
```

```
SHOW PROCEDURE STATU
-- 建立用户函数
CREATE FUNCTION 语句
CREATE FUNCTION〈函数名〉(
  Var1 Type1, … ,Varn Typen)
  RETURNS〈类型〉
BEGIN
  MySQL 语句序列
  RETURN〈表达式〉
END
-- 编辑用户函数
ALTER FUNCTION
DROP FUNCTION
SHOW CREATE FUNCTION
SHOW FUNCTION STATUS
SET 语句、DECLARE 语句、CALL 语句、LOOP 语句、LEAVE 语句
BEGIN… END 复合语句
-- IF 语句
IF〈条件〉THEN〈语句〉
  [ELSEIF〈条件〉THEN〈语句〉]…
  [ELSE〈语句〉]
END IF
-- CASE 语句
CASE〈值〉
  WHEN〈值 1〉THEN〈语句〉
  [WHEN〈值 2〉THEN〈语句〉]…
  [ELSE 〈语句〉]
END CASE
CASE
  WHEN〈条件〉THEN〈语句〉
  [WHEN〈条件〉THEN〈语句〉]...
  [ELSE〈语句〉]
END CASE
-- REPEAT 语句
[开试标签:] REPEAT
  〈语句〉
UNTIL〈条件〉
```

```
END REPEAT [结束标签]
-- WHILE 语句
[开试标签:] WHILE 〈条件〉 DO
  〈语句〉
END WHILE[结束标签]
```

触发器:能够按照预先设定的触发条件,自动触发并完成相应功能的特殊存储过程。触发器的执行既不是由程序调用,也不是手工启动,而是由事件来触发(例如:当对一个表进行 INSERT、UPDATE 或者 DELETE 等操作时就会自动激活并自动执行)。

触发器的特点:常用于加强数据的完整性约束和业务规则等,是 DBMS 的一项重要控制机制和关键技术指标。

触发器的 MySQL 语句:CREATE TRIGGER 语句和 DROP TRIGGER 语句等。

实验一　存储过程设计

一、实验目的

熟练掌握存储过程的建立、查看、打开、修改和删除等使用方法。

二、实验内容

1. 分别利用 CREATE PROCEDURE 和 MySQL Workbench 建立存储过程。
2. 分别利用 CREATE PROCEDURE 和 MySQL Workbench 查看存储过程。
3. 利用 USE,打开指定数据库。
4. 分别利用 ALTER PROCEDURE 和 MySQL Workbench 修改存储过程。
5. 分别利用 DROP PROCEDURED 和 MySQL Workbench 删除存储过程。
6. 分别利用 DECLARE 语句、CALL 语句、LOOP 语句、IF 语句、CASE 语句和 WHILE 语句编辑存储过程。
7. 按照实验报告模板,撰写实验报告。

参考素材:

1. 使用 MySQL 语句编辑存储过程

```
-- 打开学籍数据库 SInfo
```

```
USE SInfo;
-- Pro1:按照指定学号,在 StudentCourse 中删除记录
DELIMITER $$
CREATE PROCEDURE DeleteScRec(IN PSno CHAR(6))
BEGIN
  DELETE FROM StudentCourse WHERE SNo=PSno;
END $$
DELIMITER;
-- 利用"120203",调用 DeleteScRec
CALL DeleteScRec('120203');
SELECT SNo FROM StudentCourse;
-- Pro2:比较大小
DELIMITER $$
CREATE PROCEDURE MyCompare
  (IN Var1 INT, IN Var2 INT, OUT Result CHAR(6))
BEGIN
  IF Var1>Var2 THEN
      SET Result='大于';
  ELSEIF Var1=Var2 THEN
      SET Result='等于';
  ELSE
      SET Result='小于';
  END IF;
END $$
DELIMITER;
-- 调用 MyCompare
CALL MyCompare(6,9,@Result);
SELECT @Result;
CALL MyCompare(6,6,@Result);
SELECT @Result;
CALL MyCompare(9,6,@Result);
SELECT @Result;
-- Pro3:比较学号 120103 和 120104 的成绩
DELIMITER $$
CREATE PROCEDURE SInfo.GradeCompare
  (OUT Result CHAR(6))
BEGIN
```

```
  DECLARE PGrade1,PGrade2 INT;
  -- 把学号为"120103"和"120104"的学生成绩给指定变量
  SELECT Grade INTO PGrade1
      FROM StudentCourse
      WHERE SNo='120103';
  SELECT Grade INTO PGrade2
      FROM StudentCourse
      WHERE SNo='120104';
  IF PGrade1>PGrade2 THEN
      SET Result='大于';
  ELSEIF PGrade1=PGrade2 THEN
      SET Result='等于';
  ELSE
      SET Result='小于';
  END IF;
END $ $
DELIMITER;
-- 调用 GradeCompare
CALL GradeCompare(@Result);
SELECT @Result;
-- Pro4:判断学生性别
DELIMITER $ $
CREATE PROCEDURE SInfo.SSexTest
  (IN PSNo CHAR(6),OUT Result CHAR(6))
BEGIN
  DECLARE PSSex TINYINT;
  -- 把学生性别给指定变量
  SELECT SSex INTO PSSex
      FROM Student
      WHERE SNo=PSNo;
  CASE PSSex
      WHEN 1 THEN SET Result='男';
      WHEN 0 THEN SET Result='女';
      ELSE SET Result='无';
  END CASE;
END $ $
DELIMITER;
```

```
—— 利用学号 120101，调用 SSexTest
CALL SSexTest('120101',@Result);
SELECT @Result;
—— Pro5:计算前 n 个数的和，要求使用 While
DELIMITER $ $
CREATE PROCEDURE SumWhile
  (IN Var INT,OUT Result INT)
BEGIN
  DECLARE Tmp INT DEFAULT 0;
  WHILE Var>0 DO
       SET Tmp=Tmp+Var;
       SET Var=Var-1;
  END WHILE;
  SET Result=Tmp;
END $ $
DELIMITER;
—— 利用 10，调用 SumWhile
CALL SumWhile(10,@Result);
SELECT @Result;
—— Pro6:计算前 n 个数的和，要求使用 REPEAT
DELIMITER $ $
CREATE PROCEDURE SumRepeat
  (IN Var INT,OUT Result INT)
BEGIN
  DECLARE Tmp INT DEFAULT 0;
  REPEAT
       SET Tmp=Tmp+Var;
       SET Var=Var-1;
       UNTIL Var<1
  END REPEAT;
  SET Result=Tmp;
END $ $
DELIMITER;
—— 利用 100，调用 SumRepeat
CALL SumRepeat(100,@Result);
SELECT @Result;
—— Pro7:计算前 n 个数中的 m(<n)之前的偶数的和
```

```
—— 要求使用 LOOP 和 LEAVE
DELIMITER $ $
CREATE PROCEDURE EvenSum
  (IN Var INT,OUT Result INT)
BEGIN
  DECLARE Tmp INT DEFAULT 0;
  DECLARE Nn INT DEFAULT 0;
  MyMark: LOOP
      SET Tmp=Tmp+Var;
      SET Nn=Nn-1;
      IF Nn=Var THEN
          LEAVE MyMark;
      END IF;
  END LOOP MyMark;
  SET Result=Tmp;
END $ $
DELIMITER;
—— 利用 20,调用 SumRepeat
CALL SumRepeat(20,@Result);
SELECT @Result;
—— Pro8:统计表中记录个数
DELIMITER $ $
CREATE PROCEDURE CountRecNum
  (OUT PNum INT)
BEGIN
  DECLARE TmpSNo CHAR(6);
  DECLARE YnFound BOOLEAN DEFAULT TRUE;
  DECLARE CurSNo CURSOR FOR
      SELECT SNo FROM Student;
  DECLARE CONTINUE HANDLER FOR NOT FOUND
      SET YnFound=FALSE;
  SET PNum=0;
  OPEN CurSNo;
  FETCH CurSNo INTO TmpSNo;
  WHILE YnFound DO
      SET PNum=PNum+1;
      FETCH CurSNo INTO TmpSNo;
```

```
  END WHILE;
  CLOSE CurSNo;
END $ $
DELIMITER;
-- 调用 CountRecNum
CALL CountRecNum(@Result);
SELECT @Result;
-- 把存储过程 CountRecNum 的提示信息改为"统计表中记录个数!"
ALTER PROCEDURE CountRecNum
  COMMENT '统计表中记录个数!';
-- 查看存储过程 CountRecNum 的内容
SHOW CREATE PROCEDURE CountRecNum;
-- 查看存储过程的状态
SHOW PROCEDURE STATUS;
-- 删除存储过程 CountRecNum
DROP PROCEDURE CountRecNum;
```

2. 使用 MySQL Workbench 5.2 编辑存储过程

在如图 3-4 所示的 SQL 多文档编辑器中，展开数据库 Sinfo；然后右击"Routines"(或者展开"Routines "后，右击一个指定的视图)。如图 6-1 所示。

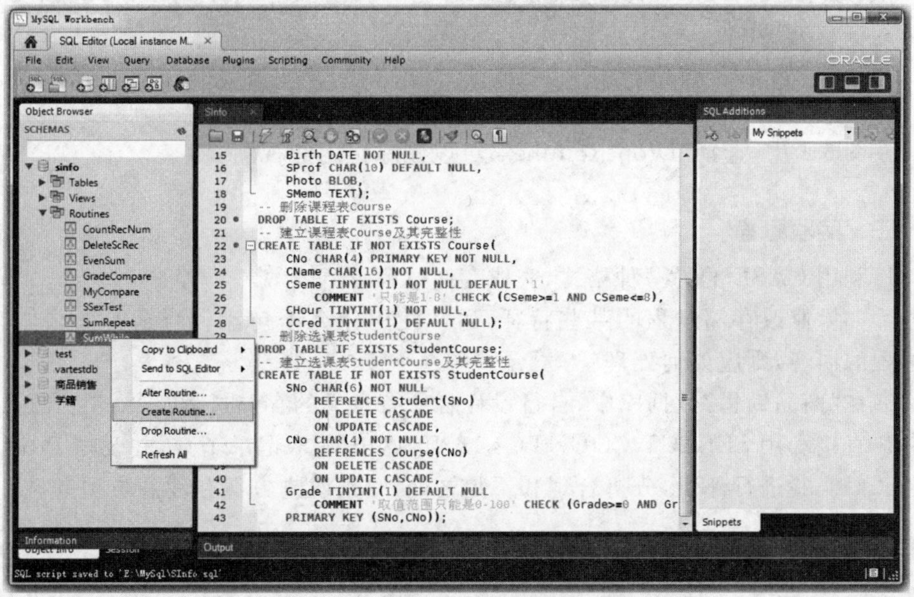

图 6-1　MySQL Editor 的存储过程快捷菜单

在图 6-1 中，选择“Create Routine”（如图 6-2 所示），然后在图 6-2 中的“DDL：”右侧的文本编辑区输入建立存储过程的 MySQL 语句，单击“Apply”；在“Review the Script to be Applied on the Database”界面中单击“Apply”；最后在执行界面中选中“Execute SQL Statements”后，单击“Finish”。

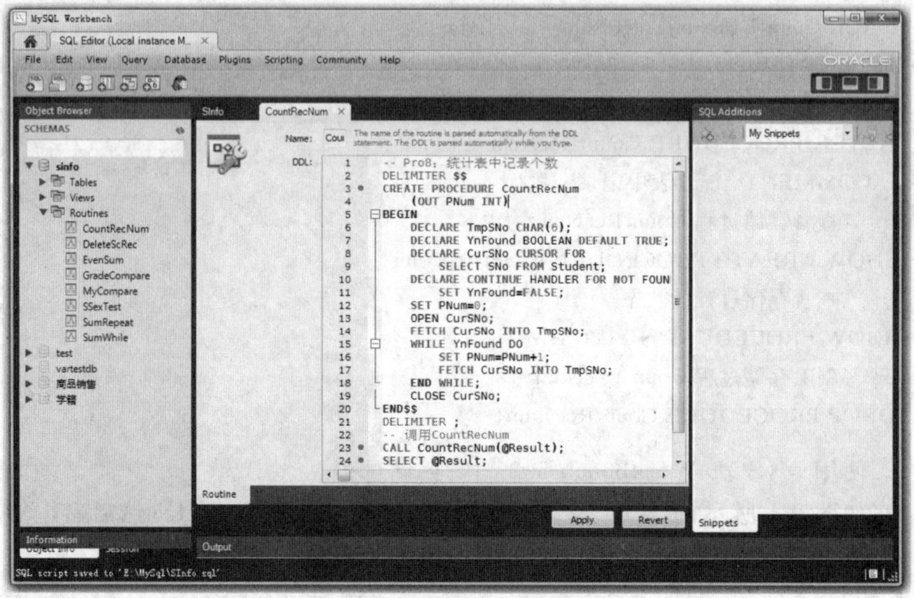

图 6-2　存储过程编辑界面

在图 6-1 中，选择“Alter Routine”，可以打开选定的视图进行修改。

在图 6-1 中，选择“Drop Routine”，可以删除选定的视图。

三、实验思考

1. 利用 CASE 的另一种格式，完成存储过程 Pro4。

2. 如果修改存储过程的某些特征，通常使用什么语句比较合适？如果修改存储过程的内容，则应如何处理？

3. 在“商品销售”数据库中，自行设计若干有意义的存储过程。

4. 直接利用 SELECT COUNT(*)…INTO…获取记录个数，并改写 Pro8。

5. 对实验进行评价，分析合理和不足之处，给出改进方案和注意事项等。

实验二　用户函数设计

一、实验目的

熟练掌握用户函数的建立、查看、打开、修改和删除等使用方法。

二、实验内容

1. 分别利用 CREATE FUNCTION 和 MySQL Workbench 建立用户函数。

2. 分别利用 CREATE FUNCTION 和 MySQL Workbench 查看用户函数。

3. 利用 USE，打开指定数据库。

4. 分别利用 ALTER FUNCTION 和 MySQL Workbench 修改用户函数。

5. 分别利用 DROP FUNCTION 和 MySQL Workbench 删除用户函数。

6. 分别利用 DECLARE 语句、CALL 语句、LOOP 语句、IF 语句、CASE 语句和 WHILE 语句编辑存储过程。

7. 按照实验报告模板，撰写实验报告。

参考素材：

1. 使用 MySQL 语句编辑用户函数

```
-- 打开学籍数据库 SInfo
USE SInfo;
-- Fun1:按照课程号,查找并返回课程名
DELIMITER $ $
CREATE FUNCTION FCourseName(FCNo CHAR(4))
  RETURNS CHAR(8)
BEGIN
  RETURN (SELECT CName FROM Course WHERE CNo=FCNo);
END $ $
DELIMITER;
-- 使用 0101,调用函数 FCourseName()
SELECT FCourseName('0101');
-- Fun2:统计表中记录个数
DELIMITER $ $
CREATE FUNCTION FCountRecNum()
```

```
  RETURNS INT
BEGIN
  RETURN (SELECT COUNT(*) FROM StudentCourse);
END$$
DELIMITER;
-- 调用函数 FCountRecNum()
SELECT FCountRecNum();
-- Fun3:比较大小
DELIMITER $$
CREATE FUNCTION FMyCompare(Var1 INT,Var2 INT)
  RETURNS CHAR(6)
BEGIN
  DECLARE Result CHAR(6);
  IF Var1>Var2 THEN
      SET Result='大于';
  ELSEIF Var1=Var2 THEN
      SET Result='等于';
  ELSE
      SET Result='小于';
  END IF;
  RETURN Result;
END$$
DELIMITER;
-- 调用 FMyCompare
SELECT FMyCompare(6,9);
SELECT FMyCompare(6,6);
SELECT FMyCompare(9,6);
-- Fun4:按照学号,比较两个学生的年龄
DELIMITER $$
CREATE FUNCTION FAgeCompare(FSNo1 CHAR(6),FSNo2 CHAR(6))
   RETURNS CHAR(6)
BEGIN
  DECLARE FAge1,FAge2 INT;
  DECLARE Result CHAR(6);
  -- 把学生年龄给指定变量
  SELECT YEAR(NOW())-YEAR(Birth) INTO FAge1
      FROM Student
```

```
        WHERE SNo=FSNo1;
    SELECT YEAR(NOW())-YEAR(Birth) INTO FAge2
        FROM Student
        WHERE SNo=FSNo2;
    IF FAge1>FAge2 THEN
        SET Result='大于';
    ELSEIF FAge1=FAge2 THEN
        SET Result='等于';
    ELSE
        SET Result='小于';
    END IF;
    RETURN Result;
END $ $
DELIMITER;
-- 利用学号 120101 和 120102,调用 FAgeCompare()
SELECT FAgeCompare('120101','120102');
-- Fun5:按照学号,测试学生的性别
DELIMITER $ $
CREATE FUNCTION FSSexTest(FSNo CHAR(6))
    RETURNS CHAR(6)
BEGIN
    DECLARE FSSex TINYINT;
    DECLARE Result CHAR(6);
    -- 把学生性别给指定变量
    SELECT SSex INTO FSSex
        FROM Student
        WHERE SNo=FSNo;
    CASE FSSex
        WHEN 1 THEN SET Result='男';
        WHEN 0 THEN SET Result='女';
        ELSE SET Result='无';
    END CASE;
    RETURN Result;
END $ $
DELIMITER;
-- 利用学号 120101,调用 FSSexTest()
SELECT FSSexTest('120101');
```

```
—— Fun6:计算前 n 个数的和,要求使用 While
DELIMITER $ $
CREATE FUNCTION FSumWhile(Var INT)
   RETURNS INT
BEGIN
  DECLARE Tmp INT DEFAULT 0;
  WHILE Var>0 DO
      SET Tmp=Tmp+Var;
      SET Var=Var-1;
  END WHILE;
  RETURN Tmp;
END$ $
DELIMITER;
—— 利用 10,调用 FSumWhile
SELECT FSumWhile(10);
—— Fun7:记录的级联删除
DELIMITER $ $
CREATE FUNCTION FConDelRec(FSNo CHAR(6))
  RETURNS BOOLEAN
BEGIN
  DECLARE TmpSName CHAR(8);
  SELECT SName INTO TmpSName FROM Student WHERE SNo=FSNo;
  IF TmpSName IS NULL THEN
      DELETE FROM StudentCourse WHERE SNo=FSNo;
      RETURN TRUE;
  ELSE
      RETURN FALSE;
  END IF;
END$ $
DELIMITER;
—— 利用 120101,调用 FConDelRec
SELECT FConDelRec('120101');
—— 把用户函数 FSumWhile 的提示信息改为"计算前 n 个数的和!"
ALTER FUNCTION FSumWhile
  COMMENT '计算前 n 个数的和!';
—— 查看用户函数 FSumWhile 的内容
SHOW CREATE FUNCTION FSumWhile;
```

```
-- 查看用户函数的状态
SHOW FUNCTION STATUS;
-- 删除用户函数 FSumWhile
DROP FUNCTION FSumWhile;
```

2. 使用 MySQL Workbench 5.2 编辑用户函数

使用 MySQL Workbench 5.2 编辑用户函数的方法与编辑存储过程的方法相同。

三、实验思考

1. 分析和总结存储过程与用户函数的调用方法。

2. 如果需要修改用户函数的某些特征,通常使用什么语句比较合适?如果修改用户函数的内容,则应如何处理?

3. 编写函数,按照指定学号在 Student 中查找该学生,如果找到则返回 TRUE,否则返回 FALSE。

4. 利用用户函数,改写 Pro6、Pro7 和 Pro8。

5. 设计用户函数,按照指定学号,判断是否为“张三”;如果“是”返回其生日,否则返回 FALSE。如果姓名也要求输入,应如何设计?

参考函数:

```
-- Fun8:查找指定学号和姓名的生日
DELIMITER $ $
CREATE FUNCTION FIsName(FSNo CHAR(6))
  RETURNS CHAR(10)
BEGIN
  DECLARE TmpName CHAR(8);
  SELECT SName INTO TmpName FROM Student WHERE SNo=FSNo;
  IF TmpName='张三' THEN
      RETURN (SELECT Birth FROM Student WHERE SNo=FSNo);
  ELSE
      RETURN 'FALSE';
END IF;
END $ $
DELIMITER;
-- 利用 120101,调用 FIsName
SELECT FIsName('120102');
SELECT FIsName('120101');
```

6. 在"商品销售"数据库中，自行设计若干有意义的用户函数。

7. 对实验进行评价，分析合理和不足之处，给出改进方案和注意事项等。

实验三　触发器和事件设计

一、实验目的

熟练掌握触发器的设计、建立和删除等使用方法。

二、实验内容

1. 利用 CREATE TRIGGER 建立触发器用户函数。
2. 利用 CREATE EVENT 建立事件。
3. 利用 ALTER EVENT 修改事件。
4. 分别利用 DROP TRIGGER 和 DROP EVENT 删除触发器和事件。
5. 分别利用 SHOW TRIGGERS 和 SHOW EVENTS 查看触发器和事件。
6. 按照实验报告模板，撰写实验报告。

参考素材：

```
-- 打开学籍数据库 SInfo
USE SInfo;
-- Trig1：多表联动操作的触发器
CREATE TABLE TrigTestTable1(Attr1 INT);
CREATE TABLE TrigTestTable2(Attr2 INT);
CREATE TABLE TrigTestTable3(Attr3 INT NOT NULL AUTO_INCREMENT PRIMARY KEY);
CREATE TABLE TrigTestTable4(
Attr41 INT NOT NULL AUTO_INCREMENT PRIMARY KEY,
Attr42 INT DEFAULT 0);
DELIMITER $ $
CREATE TRIGGER TrigTestTableRef BEFORE INSERT ON TrigTestTable1
  FOR EACH ROW BEGIN
      INSERT INTO TrigTestTable2 SET Attr2=NEW.Attr1;
      DELETE FROM TrigTestTable3 WHERE Attr3=NEW.Attr1;
      UPDATE TrigTestTable4 SET Attr42=Attr42+1 WHERE Attr41=NEW.Attr1;
```

```
  END $ $
DELIMITER;
-- 激活触发器
INSERT INTO TrigTestTable3(Attr3) VALUES
  (NULL),(NULL),(NULL),(NULL),(NULL),
  (NULL),(NULL),(NULL),(NULL),(NULL);
INSERT INTO TrigTestTable4(Attr41) VALUES
  (0),(0),(0),(0),(0),(0),(0),(0),(0),(0);
INSERT INTO TrigTestTable1 VALUES
  (1),(3),(1),(7),(1),(8),(4),(4);
-- 显示触发结果
SELECT * FROM TrigTestTable1;
SELECT * FROM TrigTestTable2;
SELECT * FROM TrigTestTable3;
SELECT * FROM TrigTestTable4;
-- Trig2:插入记录触发器
-- 在向 Course 中插入记录后,设置用户变量为“在向表中添加记录!”
DELIMITER $ $
CREATE TRIGGER TrigInsertCourse AFTER INSERT ON Course
  FOR EACH ROW BEGIN
    SET @TrigInfo='在向表中添加记录! ';
  END $ $
DELIMITER;
-- 激活触发器
INSERT INTO Course VALUES
  ('0606','图像分析',6,30,2);
-- 显示触发结果
SELECT @TrigInfo;
-- Trig3:级联删除触发器
-- 在删除 Course 中的记录后,同时删除 StudentCourse 中的相关记录
DELIMITER $ $
CREATE TRIGGER TrigDelCouStuCou
  AFTER DELETE ON Course FOR EACH ROW
BEGIN
  DELETE FROM StudentCourse WHERE CNo=OLD.CNo;
END $ $
DELIMITER;
```

```
-- 激活触发器
INSERT INTO StudentCourse VALUES
  ('120101','0606',96);
INSERT INTO StudentCourse VALUES
  ('120102','0606',99);
SELECT * FROM StudentCourse;
DELETE FROM Course WHERE CNo='0606';
-- 显示触发结果
SELECT * FROM StudentCourse;
-- 查看触发器
SHOW TRIGGERS;
SHOW TRIGGERS LIKE 'TrigTest%';
-- 删除触发器 TrigTestTableRef
DROP TRIGGERS TrigTestTableRef;
-- Even2:定时启动事件
-- 6秒后自动向Course中添加记录
DELIMITER $$
CREATE EVENT EvTimeInsertCourse
  ON SCHEDULE AT NOW()+INTERVAL 6 SECOND DO
BEGIN
  INSERT INTO Course VALUES
      ('0906','计算方法',6,48,3);
END$$
DELIMITER;
-- 事件建立之后6秒自动执行一次
-- 需要打开事件调度器
SET GLOBAL EVENT_SCHEDULER=TRUE;
-- 显示事件结果
SELECT * FROM Course;
-- Even3:定期启动事件
-- 在指定期限内,每一个时间段自动注册一次
CREATE TABLE EvTestTable(Attr DATE);
DELIMITER $$
CREATE EVENT EvIntervalMark
  ON SCHEDULE EVERY 1 MONTH
  STARTS CURDATE()+INTERVAL 1 MONTH
  ENDS '2012-12-16'
```

```
DO
BEGIN
  INSERT INTO EvTestTable VALUES (CURDATE());
END $ $
DELIMITER;
-- 事件建立之后,每个 10 秒自动执行一次
-- 需要打开事件调度器
SET GLOBAL EVENT_SCHEDULER=TRUE;
-- 显示事件结果
SELECT * FROM EvTestTable;
-- 修改事件 EvIntervalMark 的名称为"EvIntervalSign"
ALTER EVENT EvIntervalMark
  RENAME TO EvIntervalSign;
-- 查看事件
SHOW EVENTS;
-- 删除事件 EvIntervalSign
DROP EVENT EvIntervalSign;
```

三、实验思考

1. 理解触发器的概念、控制机制和应用范围。

2. 解释事件。熟练掌握事件的建立(CREATE EVENT)、修改(ALTER EVENT)和删除(DROP EVENT)等使用方法,并举例说明。

3. 解释触发器及事件的区别。

4. 比较存储函数、用户函数、触发器及事件的定义和调用方法。

5. 在"商品销售"数据库中,自行设计若干有意义的触发器和事件。

6. 对实验进行评价,分析合理和不足之处,给出改进方案和注意事项等。

第七章　数据备份与恢复

预备知识

数据恢复机制作为衡量系统性能的重要指标是数据库管理系统的重要组成部分。

数据恢复：在 DBS 运行期间发生故障时，为了防止数据库中的数据遭到破坏，致使数据全部或者部分丢失，而 DBMS 所提供的把破坏的数据进行全部或者部分恢复的控制机制，进而使数据库从不一致的错误状态恢复到一致的正确状态，把系统损失降到最低。

事务：DBMS 或者用户定义的数据库操作序列，其作为不可拆分的基本工作单位，要么做完要么不做。

事务的特性：原子性、一致性、隔离性和持续性。即 ACID 特性。

故障种类：事务故障、系统故障、介质故障和病毒故障等。

数据恢复核心技术：建立冗余数据和利用冗余数据实施数据库恢复等。

建立冗余数据技术：数据转储和登记日志文件。

数据转储：DBA 定期地把整个数据库复制到磁带、磁盘或者光盘等外存上，从而保存数据的过程。数据转储是数据库恢复机制的基本技术。

数据转储方法：静态转储和动态转储；海量转储和增量转储。即：静态海量、静态增量、动态海量和动态增量等转储方法。

日志文件：用来记录事务对数据库的更新操作的文件。

日志文件类型：记录日志文件和数据块日志文件两类。

记录日志文件：以记录为单位的日志文件。内容包括：事务标记（事务开始标记，事务结束标记，事务名称）；事务操作类型（插入，删除，修改）；更新前数据旧值（插入操作默认空值）；更新后数据新值（删除操作默认空值）。

数据块日志文件：以数据块为单位的日志文件。内容包括：

事务标记(事务开始标记,事务结束标记,事务名称);更新前数据块旧值;更新后数据块新值。

日志文件登记规则:先写日志文件,后写数据库,即:严格按照并发事务执行的时间次序依次登记;先登记日志文件,后更新数据库。

原因如下:

如果先更新数据库,后登记日志文件,且故障发生在更新数据库之后,登记日志文件之前,则会导致数据库被更新了,而日志文件却没有登记该更新操作,因此在恢复 DB 时,将无法从日志文件中得到该更新操作的记录,从而无法恢复该更新操作。

如果先登记日志文件,后更新数据库,且故障发生在登记日志文件之后,更新数据库之前,则出现的结果是日志文件记录了更新数据库操作,却没有真正更新 DB,因此在恢复 DB 时,由于从日志文件中得到了更新 DB 操作的记录,经过验证发现,并没有真正更新 DB,所以只需要执行一次不必要的 UNDO 操作,而且并不会影响 DB 的一致性和正确性。

事务故障恢复:

(1)反向扫描文件日志(即:从最后向前扫描日志文件),查找事务的更新操作。

(2)对事务的更新操作执行逆操作,即:把日志记录中更新前的值写入数据库。

(3)重复(1)和(2),直到读取事务的开始标记。

系统故障恢复:

(1)正向扫描日志文件(即:从头扫描日志文件),建立 REDO 队列和 UNDO 队列。

(2)对 REDO 队列的诸事务执行 REDO 操作。

(3)对 UNDO 队列的诸事务执行 UNDO 操作。

介质故障恢复:重装数据库,然后重做已完成事务,即:

(1)恢复数据库到一致状态。

(2)重做已完成事务。

数据库镜像:根据 DBA 的要求,DBMS 自动把 DB 或者 DB 的关键数据复制到备份介质上形成镜像数据,并自动保持镜像数据与主数据的一致性。用途:在介质发生故障时,DBMS 自动利用镜像数据实施 DB 恢复;无介质故障时,可用于并发操作,提高并发度。而且无需关闭系统或者重启系统;无需重装后备副本或者日志文件。

检查点记录:用于记录在检查时间点正在执行的事务清单的日志记录,并把检查点记录登记到日志文件,即用于记录在检查点正在执行的事务清单的日志记录。其内容是在检查点时刻所有正在执行的事务清单及其最近一个日志记录的地址。

检查点文件：用于记录各个检查点记录在日志文件中的地址的文件。内容是诸检查点记录的地址。

检查点记录与检查点文件的关系：检查点文件中记录了各个检查点记录在日志文件中的地址；检查点文件通过检查点记录进行日志文件的动态维护。

检查点恢复：

(1)在检查点文件中，找到最后一个检查点记录在日志文件中的地址，由该地址在日志文件中找到最后一个检查点记录。

(2)由该检查点记录得到检查点建立时刻所有正在执行的事务清单 ActiveL。

(3)利用 ActiveL 建立重做队列 RedoL(RedoL ← ∅，即置空)和撤销队列 UndoL(UndoL ← ActiveL，即把 ActiveL 放入 UndoL)。

(4)从检查点开始正向扫描日志文件，直到日志文件结束。如果有新开始的事务 Ti，则把 Ti 放入 UndoL；如果有提交的事务 Tj，则把 Tj 从 UndoL 移到 RedoL。

(5)对 RedoL 的诸事务执行 REDO 操作；对 UndoL 的诸事务执行 UNDO 操作。

实验一　数据备份和恢复

一、实验目的

熟练掌握数据库的备份和恢复等使用方法。

二、实验内容

1. 利用 SELECT INTO…OUTFILE…备份表数据。
2. 利用 LOAD DATA…INFILE…恢复数据。
3. 利用客户端程序 MySqlDump 备份和恢复数据。
4. 利用客户端程序 MySqlImport 恢复数据。
5. 利用二进制日志文件和 MySqlBinLog 进行数据备份和恢复管理。
6. 使用 MySQL Workbench 实施数据备份和恢复。
7. 按照实验报告模板，撰写实验报告。

参考素材：

1. 使用 MySQL 语句编辑用户函数

—— 自主备份目录：在 D 盘建立数据备份目录 MySqlDataBak

—— 默认备份目录：C:\Program Files\MySQL\MySQL Server 5.5\data\mysql

—— 启动客户端运行程序如图 7-1 所示。客户端状态记为：Shell>

图 7-1　客户端运行界面

—— 客户端运行程序目录：C:\Program Files\MySQL\MySQL Server 5.5\bin

—— 打开学籍数据库 SInfo

```
USE SInfo;
```

—— 备份 SInfo 中 StudentCourse 中的内容到 StudentCourseBak.txt

```
SELECT * FROM StudentCourse
  INTO OUTFILE 'D:/MySqlDataBak/StudentCourseBak.txt'
  FIELDS TERMINATED BY ','
      OPTIONALLY ENCLOSED BY '"'
      LINES TERMINATED BY '#';
```

—— 打开备份文本文件 StudentCourseBak.txt，如图 7-2 所示

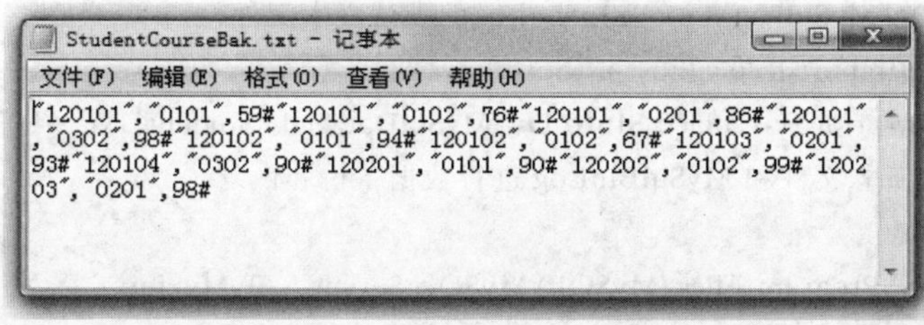

图 7-2　备份文本文件内容

—— 恢复 StudentCourseBak.txt 到 SInfo 中 StudentCourse

```
DELETE FROM StudentCourse;
SELECT * FROM StudentCourse;
UNLOCK TABLES;
LOAD DATA INFILE 'D:/MySqlDataBak/StudentCourseBak.txt'
  INTO TABLE StudentCourse
  FIELDS TERMINATED BY ','
```

```
    OPTIONALLY ENCLOSED BY '"'
    LINES TERMINATED BY '#';
SELECT * FROM StudentCourse;
-- 客户端 MySqlDump 备份数据库中表的数据和结构(注意路径)
Shell>MySqlDump-h localhost-u root-phpy123
  SInfo StudentCourse StudentCourse>D:/MySqlDataBak/SInfoTableBak.sql
-- 客户端 MySqlDump 备份指定数据库(注意路径)
Shell>MySqlDump-h localhost-u root-phpy123
SInfo>D:/MySqlDataBak/SInfoBak.sql
-- 客户端 MySqlDump 备份所有数据库(注意路径)
Shell>MySqlDump-h localhost-u root-phpy123
-- all-databases>D:/MySqlDataBak/AllDbBak.sql
-- 备份数据库的所有表的结构和数据
Shell>MySqlDump-h localhost-u root-phpy123
-- tab=D:/MySqlDataBak/ SInfo
-- 客户端恢复数据库
Shell>MySql-h localhost-u root-phpy123
SInfo<D:/MySqlDataBak/SInfoBak.sql
-- 客户端恢复数据库 SInfo 中的表 Student,Course,StudentCourse
Shell> MySql-h localhost-u root-phpy123
SInfo<D:/MySqlDataBak/SInfoTableBak.sql
-- 客户端 MySqlImport 恢复数据(Student.txt:是 MySqlDump-h localhost-u root-phpy123
-- tab=D:/MySqlDataBak/ SInfo 生成的默认文本文件)
Shell>MySqlImport-h localhost-u root-phpy123
   -- low-priority-replace SInfo D:/MySqlDataBak/Student.txt
-- 二进制日志文件和 MySqlBinLog 进行数据备份和恢复
-- 启用日志
-- 编辑 C:\Program Files\MySQL\MySQL Server 5.5\My.ini
-- 在 My.ini 中,找到[mysql]所在行,在其后添加(日志文件:MyBinLog):
Log-bin=C:/Program Files/MySQL/MySQL Server 5.5/bin/MyBinLog
-- 停止/重启 MySQL 服务器
Shell>Net stop mysql
Shell>Net start mysql
-- 时间点 Time1 启用日志,同时备份所有数据库
Shell> MySqlDump-h localhost-u root-phpy123
  SInfo>D:/MySqlDataBak/SInfoBak.sql
-- 时间点 Time2(Time1 之后)刷新日志,建立 MyBinLog.000001 和 MyBinLog.000002
```

```
Shell>Flush logs
-- 时间点 Time3(Time2 之后)数据库故障,实施恢复
Shell> MySql-h localhost-u root-phpy123
SInfo<D:/MySqlDataBak/SInfoBak.sql
Shell>MySqlBinLog MyBinLog.000001|MySql-h localhost-u root-phpy123
Shell>MySqlBinLog MyBinLog.000002|MySql-h localhost-u root-phpy123
-- 清除日志文件(Reset 或者 Purge)
Reset Master;
```

2. 使用 MySQL Workbench 5.2 实施数据备份和恢复

在如图 1-33 所示的 MySQL Workbench 5.2 界面中,通过 Server Administration 启动数据库管理服务。如图 7-3 所示。

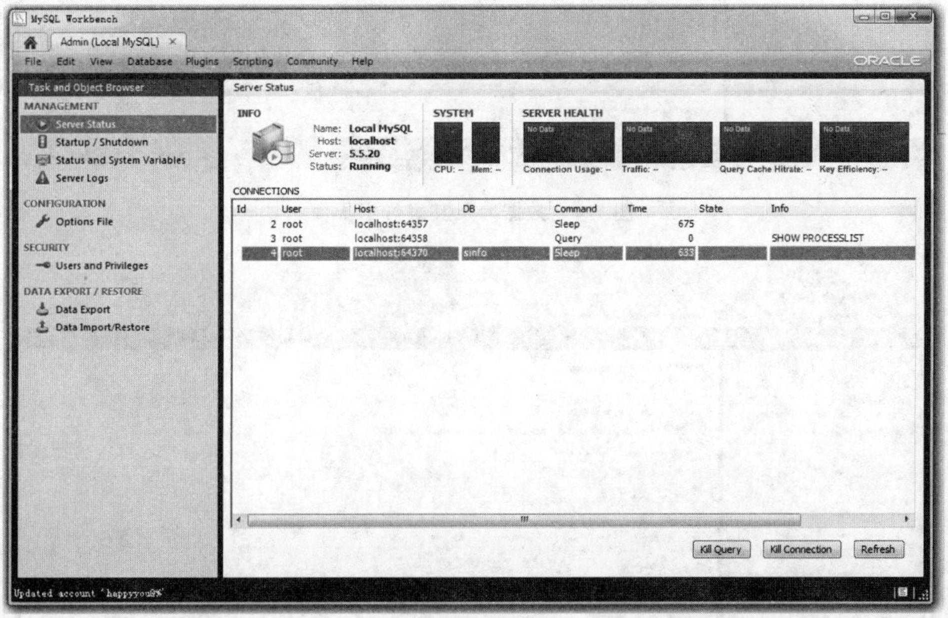

图 7-3 Server Administration 数据库管理服务界面

在图 7-3 中,选择"Data Export"(如图 7-4 所示),然后在图 7-4 中选择需要备份的数据库及其数据表,同时选择相应的选项,设置相应的参数,单击"Start Export"进行备份。

在图 7-3 中,选择"Data Import/Restore"(如图 7-5 所示),然后在图 7-5 中选择需要恢复的数据文件,同时选择相应的选项,设置相应的参数,单击"Start Import"进行恢复。

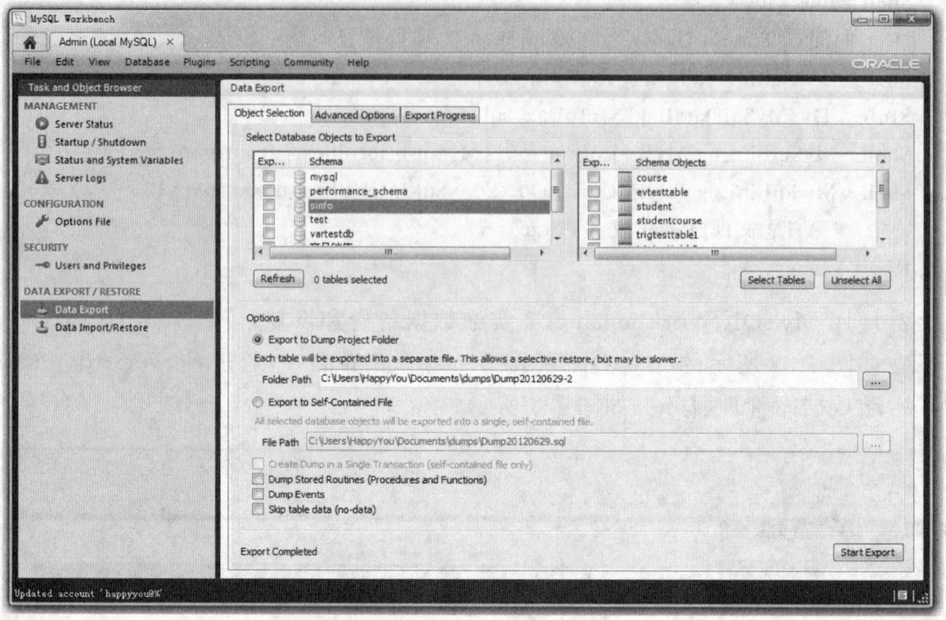

图 7-4　数据库及其表导出界面

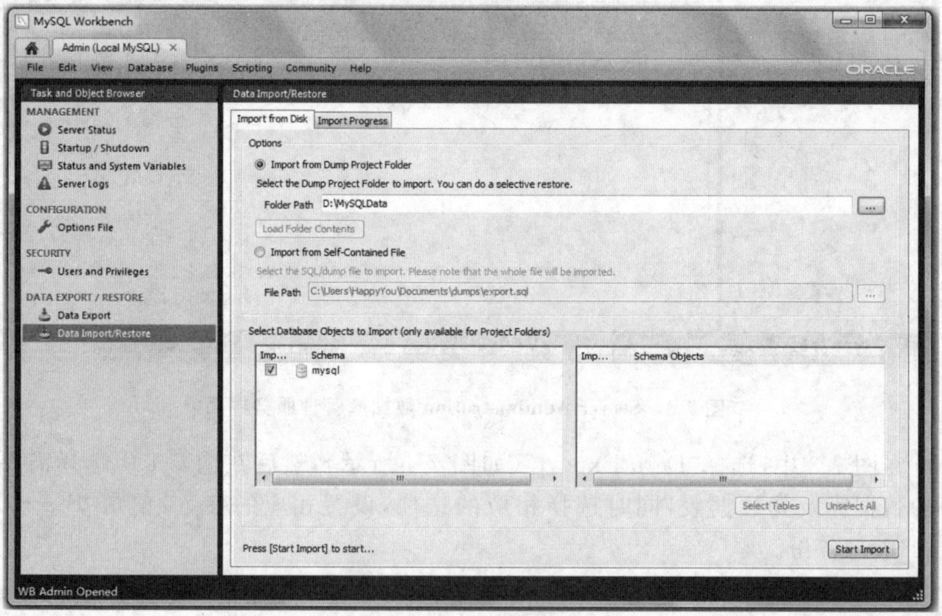

图 7-5　数据库及其表导入界面

在图 7-3 中，选择“OptionFile”（如图 7-6 所示），然后在图 7-6 中选择“Log Files”标签，然后选择相应的选项，设置相应的参数，单击“Apply”等完成日志文件管理。

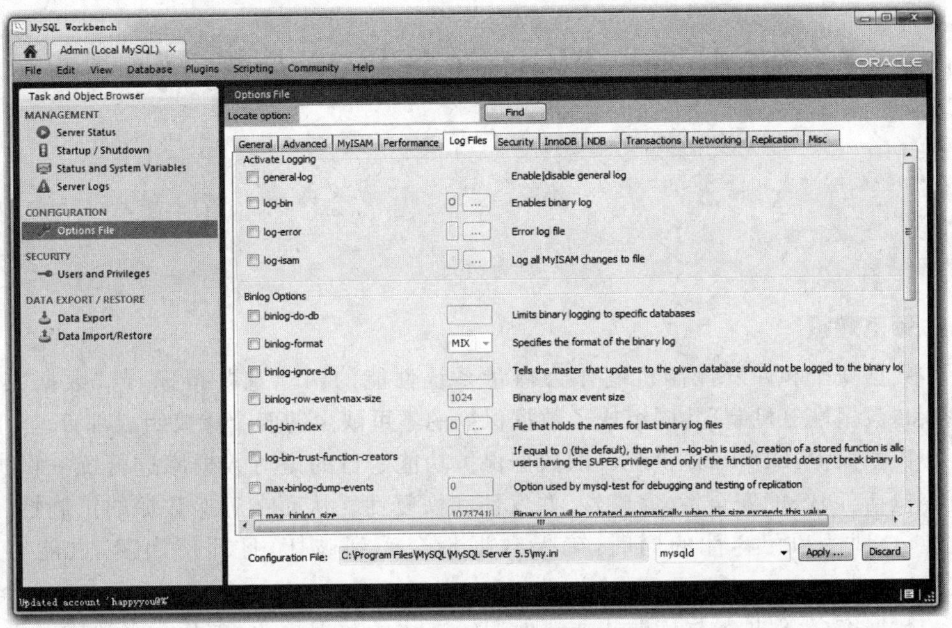

图 7-6　日志文件管理界面

在图 7-3 中，选择“Server Statuse”：查看服务器状态。

在图 7-3 中，选择“Start/Shutdown”：开启/停止服务器。

在图 7-3 中，选择“Status and System Variables”：服务器系统变量。

在图 7-3 中，选择“Serverlogs”：查看服务器日志。

三、实验思考

1. 理解数据库备份和恢复的概念和重要性。

2. 如何区分数据库备份和恢复的 MySQL 语句和客户端语句。

3. 比较使用语句备份和恢复数据与使用 MySQL Workbench 备份和恢复数据的优点和缺点。

4. 分析日志文件的特点。日志文件是否需要定期进行备份和删除管理？

5. 对于“商品销售”数据库，自行设计若干备份和恢复方案。

6. 对实验进行评价，分析合理和不足之处，给出改进方案和注意事项等。

第八章　数据安全与并发控制

预备知识

数据安全和并发控制机制作为衡量系统性能的两项重要指标，与“数据完整性”和“数据恢复机制”共同组成了数据保护的不可缺少的四个重要组成部分。

数据保护：DBMS 提供统一的数据保护功能。目的是对数据库进行统一保护。内容包括：DBS 的安全性、完整性、并发性和恢复性。从而在确保数据的正确性、一致性、合理性和相容性的同时，确保数据不会受到破坏，且即使崩溃，也能实施恢复。

数据安全：保护数据库防止非法使用所造成的数据更改、破坏或者泄露。内容包括：用户标识和鉴别、数据存取控制机制、数据完整性控制机制、视图机制和审计等。

安全标准：可信计算机系统评估准则 TCSEC 和可信数据库解释 TDI。标准按照四组七个等级：D；C(C1，C2)；B(B1，B2，B3)；A(A1)，从安全策略、责任、保证和文档等四个方面，详细描述了计算机系统(数据库)安全的具体指标。

数据存取控制：在用户存储或者读取数据时，需要根据用户的权限信息来确定用户是否拥有访问数据库的权限，从而确保授权用户对数据库的合法访问，同时拒绝非授权用户对数据库的非法访问。其控制机制是定义用户权限和检查用户权限。

常用存取控制：自主存取控制和强制存取控制等方法，使 DB 产品的安全级别分别达到 C2 级和 B1 级。

自主存取 DAC：利用 DBMS 的 DDL 提供的 DAC 定义机制，给不同用户授予或者收回对不同数据对象的访问权限，而且用户还可以将其权限授权给其他用户，从而可以方便灵活地通过自己的访问权限实现对数据库数据访问的机制。

强制存储 MAC：为了确保更高级别的数据安全保护，根据 TDI/TCSEC 中安全策略的要求,所采取的强制存取检查机制。MAC 适用于数据安全要求严格,而且具有固定密级分类的部门。例如:军事部门、政府部门和金融部门等。

MySQL 权限机制:授权 GRANT 和收权 REVOKE,即授予和收回不同用户对不同数据对象的访问权限。用法:

GRANT 〈权限〉[,〈权限〉] … ON 〈对象类型〉〈对象名〉
  TO 〈用户〉[,〈用户〉] … [WITH GRANT OPTION]

REVOKE 〈权限〉[,〈权限〉] … [ON 〈对象类型〉〈对象名〉]
  FROM 〈用户〉[,〈用户〉]...

其中:对象类型包括 TABLE、VIEW、TABLE、DATABASE 等;权限包括 SELECT、INSERT、UPDATE、DELETE、ALL PRIVILEGES、ALTER、INDEX、CREATETAB 等。

并发控制:为了保证并发事务的 ACID 特性,进而确保数据库数据的一致性,而采取的封锁控制、时标控制和可串行化调度等一系列控制机制,即:

(1)共享可能导致用户并发,并发可能破坏数据完整,从而需要进行并发控制。

(2)并发控制级别越高,共享度越低;并发控制范围越大,共享度越低。

(3)控制范围为数据库、关系、字段、记录等。

(4)控制级别为利用 X 锁和 S 锁组成封锁协议。

并发破坏数据一致:丢失修改、读脏数据和不可重读等。解决方法:一级、二级、三级封锁协议。

封锁:事务 T 在对数据对象 A 操作之前,首先对 A 加锁 L,并获得对 A 的控制权限,在 T 释放 L 之前,其他的事务不能更新 A。

常用封锁:排它锁(X 锁)、共享锁(S 锁)和意向锁(I 锁)。X 锁和 S 锁是基本封锁。

封锁协议:为了解决事务并发操作所导致的丢失修改,不可重读和读脏数据等数据不一致问题,在利用 X 锁、S 锁和 I 锁对数据对象加锁时,所规定的一系列封锁规则。

常用封锁协议:一级封锁协议、二级封锁协议、三级封锁协议和两段锁协议等。一级封锁协议解决丢失修改,二级封锁协议解决读脏数据,三级封锁协议解决不可重读,两段锁协议解决并发事务的可串行化调度。

一级封锁协议:事务 T 在更新数据对象 A 时,必须先对 A 加 X 锁,直到事务结束释放 X 锁。可以解决丢失修改,不能解决不可重读和读脏数据。

二级封锁协议:在一级封锁协议的基础上,事务 T 在读取数据对象 A 时,必须先对 A 加 S 锁,读取结束立即释放 S 锁。可以解决丢失修改和读脏数据,不能解决不可重读。

三级封锁协议：在一级封锁协议的基础上，事务 T 在读取数据对象 A 时，必须先对 A 加 S 锁，直到事务结束释放 S 锁。可以解决丢失修改、读脏数据和不可重读。

两段锁协议：所有事务必须分两个阶段对数据对象加锁和解锁。即：事务 T 在读写任何数据对象 A 时，T 首先要获得对 A 的封锁 L；在释放一个封锁之后，T 不再获得任何其他封锁。两段锁协议保证并发调度的正确性；三级封锁协议在不同程度上保证数据一致性。遵守三级封锁协议必然遵守两段锁协议。

并发事务调度：并发事务的串行调度和并发事务的并行调度。

(1)串行调度：把并发事务的诸事务，按照一定的顺序依次执行每一个事务的过程。

(2)并行调度：把并发事务的诸事务，同时执行若干个事务的过程。

(3)关系：并发事务的串行调度是正确调度，并发事务的并行调度不一定是正确调度。所以，需要采取相应的并发调度策略，并使用串行调度来验证并行调度。

(4)并发事务的串行化：用并发事务的串行调度来验证并发事务的并行调度的过程。

并发事务的可串行化调度：并发事务的并行调度是正确的调度当且仅当其执行结果与并发事务的某串行调度的执行结果相同，即：并发事务的可串行化调度(亦即：并发调度的可串行化)。并发事务的可串行化调度一定是正确调度。保证并发调度可串行化的协议包括两段锁协议(常用)、时标控制协议和乐观控制协议等。

两段锁协议与并发事务可串行化：如果并发事务并行调度的所有事务均遵守两段锁协议，则并发事务的任何并发调度策略均是可串行化调度，从而也均是正确调度。两段锁协议是可串行化调度的充分条件，而非必要条件。即满足两段锁协议一定可串行化，不满足两段锁协议也可能可串行化。

活锁：由于事务封锁的随机性，导致事务 T 的封锁请求始终得不到授权，从而使 T 永远处于等待状态的封锁，即并发事务封锁同一个对象时，始终处于等待状态的封锁。解决方法：先来先服务。

死锁：对于并发事务的两(多)个事务进行封锁请求时，分别需要为对方加锁，而对方又不允许加锁，从而造成双(多)方处于一直等待状态的封锁。即在并发事务中，事务 T_1 封锁了数据对象 A_1，事务 T_2 封锁了数据对象 A_2；然后 T_1 请求封锁 A_2，T_2 请求封锁 A_1，从而导致 T_1 和 T_2 处于永远等待状态。解决方法：预防死锁(一次封锁法和顺序封锁法)；诊断(超时法和等待图法)与解除。

MySQL 权限层次：

(1)全局：用于给定服务器中的所有数据库。存储位置：mysql. user。

GRANT ALL ON *.* 和 REVOKE ALL ON *.* 只授予和撤销全局权限。

(2)数据库:用于给定数据库中的所有目标。存储位置:mysql.db 和 mysql.host。

GRANT ALL ON db_name.* 和 REVOKE ALL ON db_name.* 只授予和撤销数据库权限。

(3)表:用于给定表中的所有列。存储位置:mysql.talbes_priv。

GRANT ALL ON db_name.tbl_name 和 REVOKE ALL ON db_name.tbl_name 只授予和撤销表权限。

(4)列:用于给定表中的单列。存储位置:mysql.columns_priv。

当使用 REVOKE 时,必须指定与被授权列相同的列。

(5)子程序:用于已存储的子程序。存储位置:mysql.columns_priv。

CREATE ROUTINE, ALTER ROUTINE, EXECUTE 和 GRANT 权限可以被授予为全局级和数据库级。且除了 CREATE ROUTINE 外,权限可以被授予为子程序级。

实验一 用户与权限

一、实验目的

熟练掌握数据库用户和权限的添加、改名和删除等使用方法。

二、实验内容

1. 利用 CREATE USER 添加用户。
2. 利用 RENAME USER 修改用户名称。
3. 利用 DROP USER 删除用户。
4. 利用 SET PASSWORD 修改用户密码。
5. 利用 GRANT 和 REVOKE 分别授予和收回用户权限。
6. 使用 MySQL Workbench 实施用户和权限管理。
7. 按照实验报告模板,撰写实验报告。

参考素材:

1. 使用 MySQL 语句实施用户和权限管理

```
-- 添加 6 个用户 sim、tim、jim、kim、mim、nim，密码为 sim123 …
CREATE USER
  'sim'@LOCALHOST IDENTIFIED BY 'sim123',
  'tim'@LOCALHOST IDENTIFIED BY 'tim123',
  'jim'@LOCALHOST IDENTIFIED BY 'jim123',
  'kim'@LOCALHOST IDENTIFIED BY 'kim123',
  'mim'@LOCALHOST IDENTIFIED BY 'mim123',
  'nim'@LOCALHOST IDENTIFIED BY 'nim123';
-- 删除用户 mim、nim
DROP USER
  mim@LOCALHOST,
  nim@LOCALHOST;
-- 把用户名 jim、kim 改为 cim、dim
RENAME USER
  'jim'@'LOCALHOST' TO 'cim'@'LOCALHOST',
  'kim'@'LOCALHOST' TO 'dim'@'LOCALHOST';
-- 修改用户密码
SET PASSWORD FOR 'cim'@'LOCALHOST'=PASSWORD('cim666');
SET PASSWORD FOR 'dim'@'LOCALHOST'=PASSWORD('dim666');
-- 打开数据库 SInfo
USE SInfo;
-- 把查询 Student 的权限授给用户 sim
GRANT SELECT ON Student
  TO 'sim'@'LOCALHOST' IDENTIFIED BY 'sim123';
-- 把对 Student，Course 的全部权限授予用户 cim 和 dim
GRANT ALL PRIVILEGES ON Student
  TO 'cim'@'LOCALHOST','dim'@'LOCALHOST';
GRANT ALL PRIVILEGES ON Course
  TO 'cim'@'LOCALHOST','dim'@'LOCALHOST';
-- 把查询 Student 和修改 SSex 的权限授给用户 tim
GRANT UPDATE(SSex),SELECT ON Student
  TO 'tim'@'LOCALHOST';
-- 把 Course 的 INSERT 权限授予 sim 用户，且允许他再授予 dim
GRANT INSERT ON Course
  TO 'sim'@'LOCALHOST'
  WITH GRANT OPTION;
-- 以 sim 的身份登录，再把 Course 的 INSERT 权限继续授予 dim 用户
```

```
USE SInfo;
GRANT INSERT ON Course
  TO ' dim '@' LOCALHOST ';
-- 把在数据库 SInfo 中建立表的权限授予用户 sim
GRANT CREATE ON SInfo. *
  TO ' sim '@' LOCALHOST ';
-- 把数据库 SInfo 中所有表的 SELECT 权限授予用户 dim
GRANT SELECT ON SInfo. *
  TO ' dim '@' LOCALHOST ';
-- 把所有数据库的所有权限授予用户 sim
GRANT ALL ON *
  TO ' sim '@' LOCALHOST ';
-- 把所有数据库的所有表的建立、修改和删除权限授予用户 sim
GRANT CREATE,ALTER,DROP ON *.*
  TO ' sim '@' LOCALHOST ';
-- 把创建用户的权限授予用户 sim
GRANT CREATE USER ON *.*
  TO ' sim '@' LOCALHOST ';
-- 把对 Student 每小时只能处理 6 条 DELETE 语句的权限授予用户 tim
GRANT DELETE ON Student
  TO ' tim '@' LOCALHOST '
  WITH MAX_QUERIES_PER_HOUR 6;
-- 收回 tim 修改 SSex 的权限。
REVOKE UPDATE(SSex) ON Student
  FROM tim@LOCALHOST;
```

2. 使用 MySQL Workbench 5.2 管理用户和权限

在图 7-3 中，选择“Users and Privileges”(如图 8-1 所示)。

在图 8-1 中选择“Server Access Managment”标签，然后：

(1)选择“Login”(如图 8-1)：选择相应的选项，设置相应的参数，完成登录设置。

(2)选择“Administrative Roles”(如图 8-2)：选择相应的选项，设置相应的参数，完成角色设置。

(3)选择“Account Limits”(如图 8-3)：选择相应的选项，设置相应的参数，完成账户权限设置。

在图 8-1 中选择“Schema Privileges”标签(如图 8-4 所示)，在图 8-4 中，首先选择指定用户，然后选择相应的选项，设置相应的参数，完成账户权限设置。

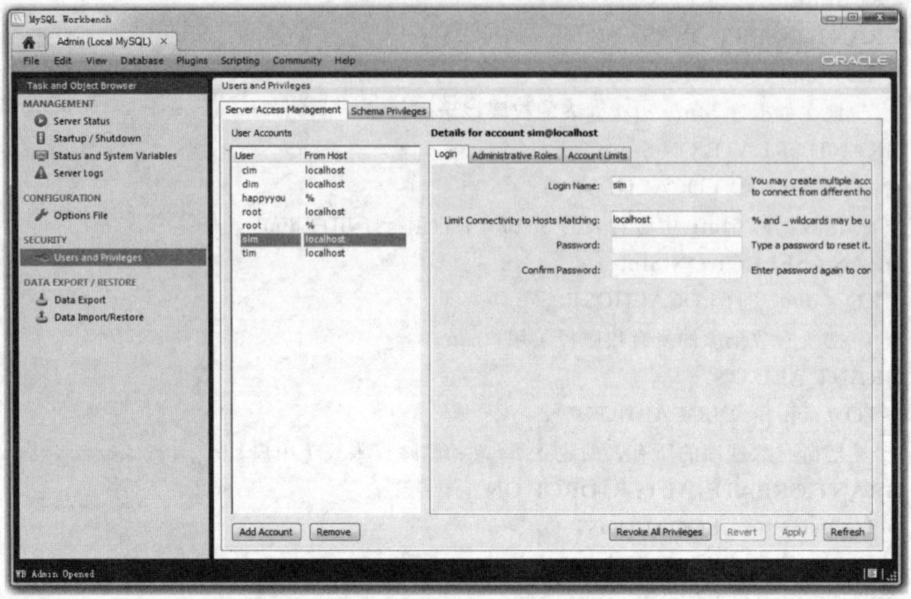

图 8-1　用户和权限管理 Login 界面

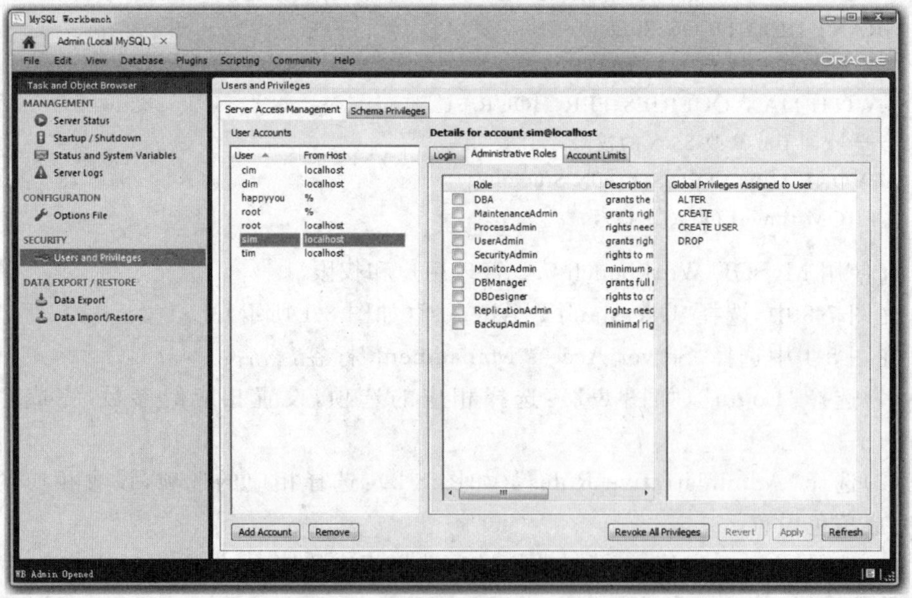

图 8-2　用户和权限管理 Administrative Roles 界面

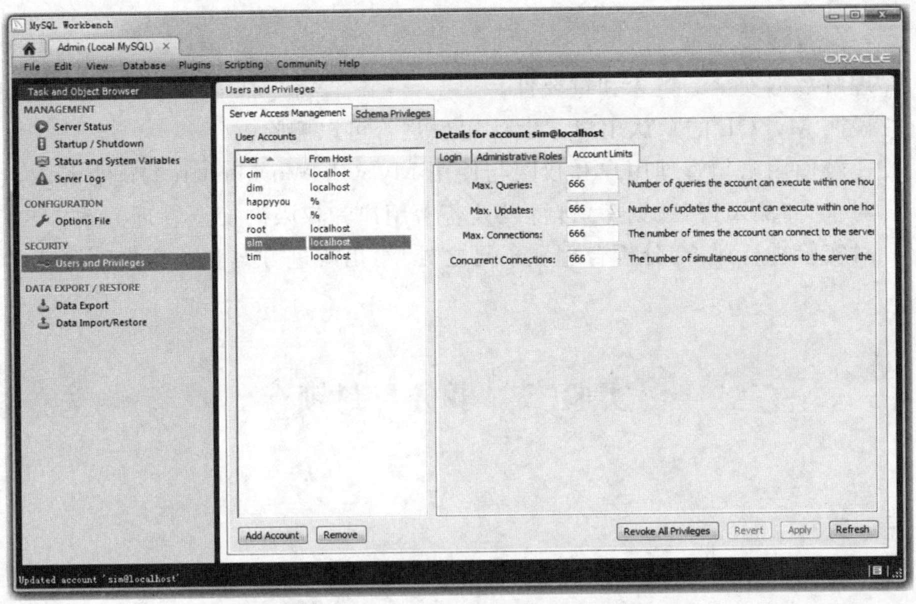

图 8-3　用户和权限管理 Account Limits 界面

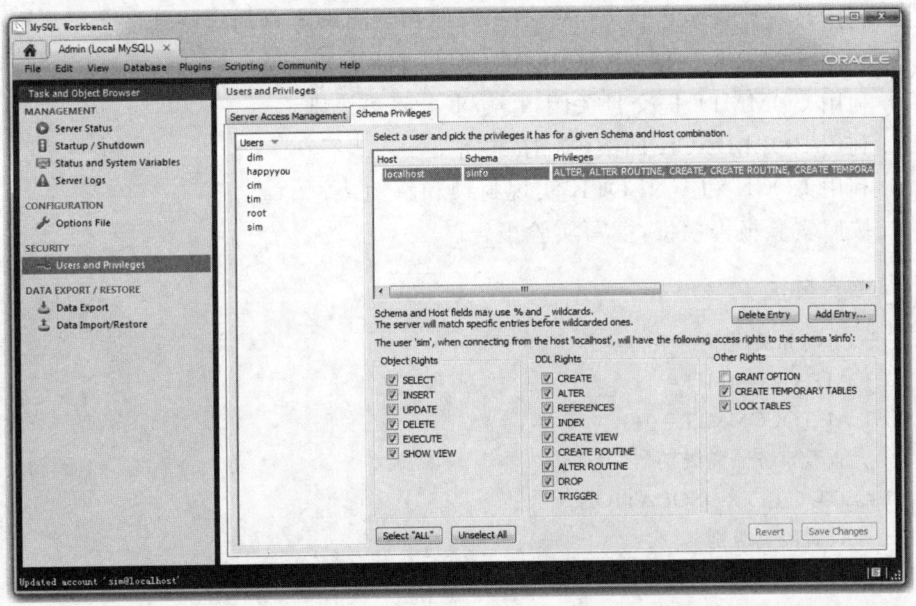

图 8-4　用户和权限管理 Schema Privileges 界面

三、实验思考

1. 理解数据安全的概念和重要性。
2. 说明 MySQL 的默认用户。默认用户是否可以删除?
3. 比较使用语句管理用户和权限与使用 MySQL Workbench 的优点和缺点。
4. 对于“商品销售”数据库,自行设计若干用户和权限的安全管理方案。
5. 对实验进行评价,分析合理和不足之处,给出改进方案和注意事项等。

实验二　事务与封锁

一、实验目的

熟练掌握事务和封锁的设计和使用方法。

二、实验内容

1. 利用系统变量 AUTOCOMMIT 启动和关闭事务自动提交功能。
2. 利用 START TRANSACTION 显式启动事务。
3. 利用 COMMIT 提交且关闭事务,事务隔离级别。
4. 利用 ROLLBACK 回滚(撤销)事务。
5. 利用 LOCK 和 UNLOCK 实现封锁和解锁。
6. 按照实验报告模板,撰写实验报告。

参考素材:

```
-- 启动和关闭事务
SET AUTOCOMMIT=1;
SET AUTOCOMMIT=0;
-- 查看事务隔离级别
SELECT @@TX_ISOLATION;
-- 设置隔离级别
SET TRANSACTION ISOLATION LEVEL READ UNCOMMITTED;
SELECT @@TX_ISOLATION;
SET TRANSACTION ISOLATION LEVEL READ COMMITTED;
SELECT @@TX_ISOLATION;
```

```
SET SESSION TRANSACTION ISOLATION LEVEL SERIALIZABLE;
SELECT @@TX_ISOLATION;
SET GLOBAL TRANSACTION ISOLATION LEVEL REPEATABLE READ;
SELECT @@TX_ISOLATION;
-- 在 SInfo 中,定义一个事务完成修改
-- 学号为 120101,课程号为 0101 的学生成绩,然后回滚
USE SInfo;
UPDATE StudentCourse
        SET Grade=66
        WHERE SNo='120101' AND CNo='0101';
SELECT * FROM StudentCourse
        WHERE SNo='120101' AND CNo='0101';
START TRANSACTION;
   UPDATE StudentCourse
        SET Grade=99
        WHERE SNo='120101' AND CNo='0101';
SELECT * FROM StudentCourse
        WHERE SNo='120101' AND CNo='0101';
ROLLBACK;
SELECT * FROM StudentCourse
        WHERE SNo='120101' AND CNo='0101';
-- 在 SInfo 中,定义一个事务完成修改
-- 学号为 120101,课程号为 0101 的学生成绩,然后提交
USE SInfo;
UPDATE StudentCourse
        SET Grade=66
        WHERE SNo='120101' AND CNo='0101';
SELECT * FROM StudentCourse
        WHERE SNo='120101' AND CNo='0101';
START TRANSACTION;
   UPDATE StudentCourse
        SET Grade=99
        WHERE SNo='120101' AND CNo='0101';
SELECT * FROM StudentCourse
        WHERE SNo='120101' AND CNo='0101';
COMMIT;
SELECT * FROM StudentCourse
```

```
    WHERE SNo='120101' AND CNo='0101';
-- 在 SInfo 中,定义一个事务测试学号为 12010 和 120102 姓名互换操作,
-- 如果互换不成功,则执行回滚
-- 把学号为 120101 的姓名赋值给@VarSName1
SELECT SName INTO @VarSName1 FROM Student WHERE SNo='120101';
-- 把变量@VarSName1 的值赋值给@TempName
SET @TempSName=@VarSName1;
-- 把学号为 120102 的姓名赋值给@VarSName2
SELECT SName INTO @VarSName2 FROM Student WHERE SNo='120102';
-- 开始事务
START TRANSACTION;
-- 使用@VarSName2 的值修改学号为 120101 的年龄
UPDATE Student SET SName=@VarSName2 WHERE SNo='120101';
-- 使用@VarSName1 的值修改学号为 120102 的年龄
UPDATE Student SET SName=@VarSName1 WHERE SNo='120102';
-- 把学号为 120101 的年龄赋值给@TempSName
SELECT SName INTO @TempSName FROM Student WHERE SNo='120101';
SELECT * FROM Student WHERE SNo='120101';
SELECT * FROM Student WHERE SNo='120102';
ROLLBACK;
SELECT * FROM Student WHERE SNo='120101';
SELECT * FROM Student WHERE SNo='120102';
-- 在 SInfo 中,定义一个事务测试学号为 12010 和 120102 姓名互换操作,
-- 如果互换成功,则执行提交
-- 把学号为 120101 的姓名赋值给@VarSName1
SELECT SName INTO @VarSName1 FROM Student WHERE SNo='120101';
-- 把变量@VarSName1 的值赋值给@TempName
SET @TempSName=@VarSName1;
-- 把学号为 120102 的姓名赋值给@VarSName2
SELECT SName INTO @VarSName2 FROM Student WHERE SNo='120102';
-- 开始事务
START TRANSACTION;
-- 使用@VarSName2 的值修改学号为 120101 的年龄
UPDATE Student SET SName=@VarSName2 WHERE SNo='120101';
-- 使用@VarSName1 的值修改学号为 120102 的年龄
UPDATE Student SET SName=@VarSName1 WHERE SNo='120102';
-- 把学号为 120101 的年龄赋值给@TempSName
```

```
SELECT SName INTO @TempSName FROM Student WHERE SNo='120101';
SELECT * FROM Student WHERE SNo='120101';
SELECT * FROM Student WHERE SNo='120102';
COMMIT;
SELECT * FROM Student WHERE SNo='120101';
SELECT * FROM Student WHERE SNo='120102';
```

三、实验思考

1. 理解事务和封锁的概念和重要性,简述两者的关系。
2. 为什么需要使用封锁?简述 MySQL 的封锁模式。
3. 简述事务、数据恢复和用户并发三者之间的关系。
4. 对于"商品销售"数据库,自行设计若干事务和封锁方案。
5. 对实验进行评价,分析合理和不足之处,给出改进方案和注意事项等。

第九章　数据库系统设计

预备知识

DBS 设计：对实际应用，设计合理规范的 DB 概念结构，从而设计出优化相应的逻辑模式和物理结构，进而设计并实现具有完整性约束、并发控制和数据恢复等控制机制的、高性能的、运行完全稳定的应用系统，使之能够有效地管理数据，满足用户的应用需求。

设计内容：DB 结构设计、DB 操纵设计和 DB 保护设计。

设计特点：循环往复、循序渐进、精益求精；充分结合硬件和软件。

设计方法：手工试凑和规范设计（新奥尔良法＋E-R 图法＋3NF 法＋ODL 法）等。

模式结构：三级模式（外模式、模式和内模式）＋二级映像（外模式/模式和模式/内模式）。如图 9-1 所示。

(1)外模式（用户模式，子模式）：面向用户的 DB 局部逻辑结构和特征描述；指定用户的私有数据视图，DB 的局部特征。一个 DB 可以有多个外模式。

(2)模式（逻辑模式，结构模式）：DB 全部数据的整体逻辑结构和特征描述，所有用户的公共数据视图，DB 的全局特征。一个 DB 只能有一个模式。

(3)内模式（物理模式，存储模式）：DB 物理结构和存储方式的描述，数据在 DB 内部的组织存储方式。一个 DB 只能有一个内模式。

(4)外模式/模式映像：定义用户视图和逻辑结构间的对应关系。保证数据逻辑独立。

(5)内模式/模式映像：定义逻辑结构和存储 DB 间的对应关系。保证数据物理独立。

MySQL 模式结构：如图 9-2 所示。

数据独立性：应用程序和数据之间相互独立，互相不受影响。包括物理/逻辑

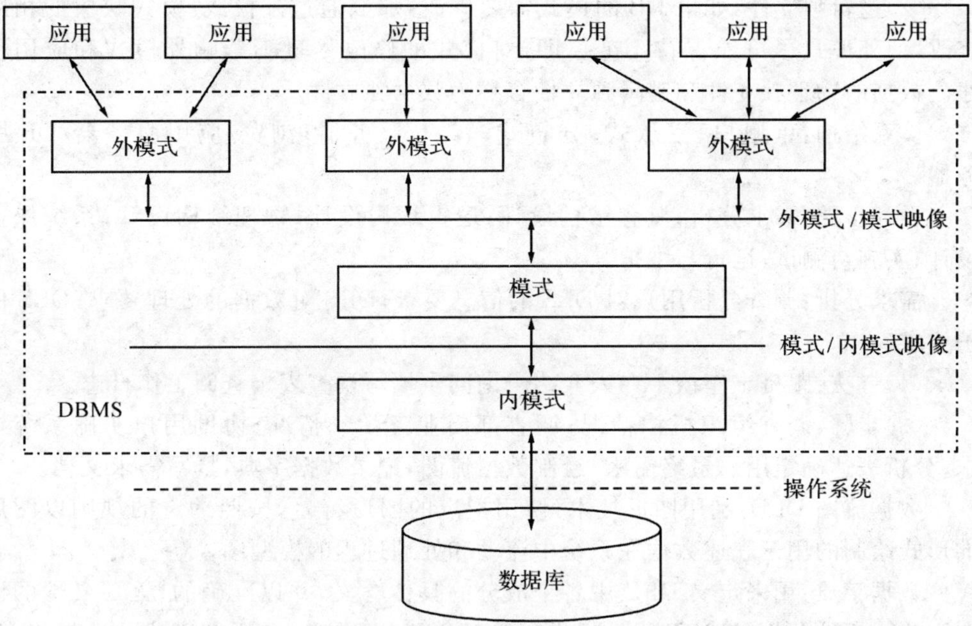

图 9-1　DBS 模式结构

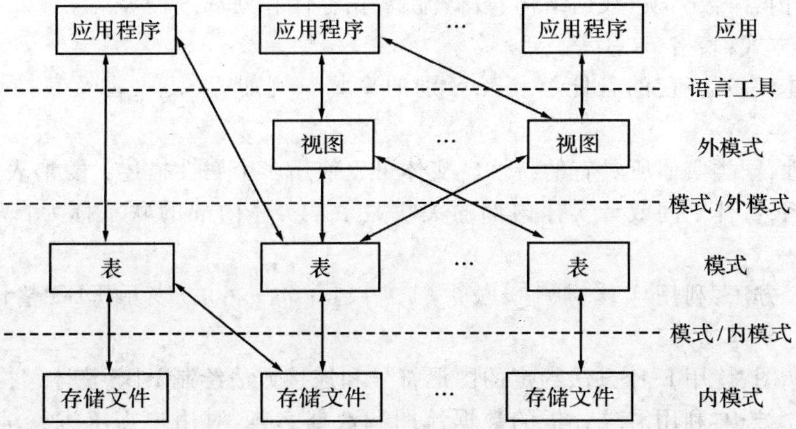

图 9-2　MySQL 模式结构

独立性。

(1)物理独立性:如果 DB 的内模式需要修改,即 DB 的存储结构和存取方法有所变化,那么通过模式/内模式映像的相应修改,使模式尽可能保持不变。即:对内模式的修改尽量不影响模式、外模式和应用程序。

(2)逻辑独立性:如果DB的模式需要修改,那么通过外模式/模式映象的相应修改,使外模式尽可能保持不变。即:对模式的修改尽量不影响外模式和应用程序。数据的物理独立性和逻辑独立性合称为数据独立性。

体系结构:单用户;主从式;分布式;客户/服务器;浏览/应用服务器/DB服务器。

设计步骤:需求分析;概念结构设计;逻辑结构设计;物理结构设计;系统保护设计;实施与测试;运行与维护。

需求分析:调查分析用户对DBS的信息要求;DBS对数据的处理要求;DBS保护要求。

(1)方法:跟班+座谈+专人介绍+询问+填写调查表+查阅工作日志。

(2)步骤:调查组织机构情况;调查部门业务活动情况;协助用户明确系统要求;分析表达确定用户最终需求;绘制数据流图,记录数据字典,撰写需求文档。

数据流图DFD:利用图形技术,使用指定的图形符号,按照约定的规则以图形的形式绘制的用于表述数据在系统中流动和处理过程的模型图。

数据字典:用来定义DFD中各个成分的具体含义,并以准确的、无二义性的说明方式为系统分析、设计及维护提供有关对象的一致定义和详细描述的数据集合。即:对DFD的所有元素的定义的数据集合。数据流图+数据字典=系统规格。

(1)内容:数据项、数据结构、数据流、数据存储和处理过程等。

(2)方式:表格、卡片等。

实体:客观存在的且能够相互区别的事物。例如:人、事、物及其抽象。矩形表示。

属性:同类实体所具有的特性。实体可以使用多个属性描述。菱形表示。

联系:实体之间或者实体内部的关联关系。实体内部的联系称为自联系。直线+标注。

E-R方法:利用实体、属性、联系(1∶1、1∶n、n∶m)表示DBS整体结构的方法。

E-R图:使用E-R方法约定的图形符号和连接方法绘制DBS整体结构的图形。

概念结构:利用需求分析的数据流图和数据字典,对用户需求进行综合、归纳和抽象,使用E-R方法设计的适合系统的数据模型。E-R图是一种常用的概念结构。

(1)设计方法:自顶向下;自底向上;逐步扩张;混合策略等。

(2)设计步骤:抽象;局部E-R图设计;全局E-R图设计;优化等。

(3)集成方法:整体集成法;逐步集成法;优化等。

逻辑结构:通过转化概念结构为关系模式,分解关系模式,并且满足规范要求

(3NF 或者 BCNF)的关系模式的集合。

E-R 图向关系模式转换:

(1)实体:一个实体转换为一个关系模式。实体的名称转换为关系模式的名称;实体的属性就是关系模式的属性;实体的键就是关系模式的键。

(2)$n:m$:一个 $n:m$ 联系转换为一个关系模式。关系模式的名称:联系的名称;关系模式的属性:由与联系相关联的实体的主键以及联系本身的属性共同组成;主键:与联系相关联的实体的主键的组合。

(3)$1:n$:联系与多端实体进行归并。关系模式的属性:由多端实体的属性、一端实体的键以及联系本身的属性共同组成;主键:多端实体的主键。

(4)$1:1$:联系与一端实体归并。关系模式的属性:由本一端实体的属性、另一端实体的主键以及联系本身的属性共同组成;主键:归并端实体的主键。

(5)关系模式的归并:如果两个或者多个关系模式的主键,则归并为一个关系模式。

函数依赖:设关系模式 $R(U)$ 是属性集 U 上的关系模式,X 和 Y 是 U 的子集。对于 $R(U)$ 的任意关系 R,R 中的任意元组 t_1, t_2,若 $t_1[X]=t_2[X]$,则:$t_1[Y]=t_2[Y]$,则 X 函数确定 Y 或者 Y 函数依赖于 X。即:$X\rightarrow Y$。等价描述:

(1)对于 $R(U)$ 的关系 R 的元组 t_1, t_2,若 $t_1[X]=t_2[X]$,则:$t_1[Y]=t_2[Y]$。

(2)对于 $R(U)$ 的关系 R 的元组 t_1, t_2,若 $t_1[Y]\neq t_2[Y]$,则:$t_1[X]\neq t_2[X]$。

完全依赖:在 $R(U,F)$ 中,如果 $X\rightarrow Y$,且对于 X 的任何真子集 X',都满足 $X'\nrightarrow Y$(即 Y 不依赖于 X 的任意真子集),则称 Y 完全函数依赖于 X,即:$X\xrightarrow{F}Y$。

部分依赖:在 $R(U,F)$ 中,如果 $X\rightarrow Y$,且 Y 不完全函数依赖于 X,则称 Y 部分函数依赖于 X,即:$X\xrightarrow{P}Y$。

传递依赖:在 $R(U,F)$ 中,如果 $X\rightarrow Y$,$Y\rightarrow Z$,并且 $Y\nrightarrow X$,则称 Z 传递函数依赖于 X。即:$X\xrightarrow{T}Z$。

函数依赖集 F 的闭包 F^+:在 $R(U,F)$ 中,F 所蕴含的所有函数依赖的集合。

属性集 X 的闭包 X_F^+:X 在 $R(U,F)$ 的 F 下导出的属性集合。

超键 HK:关系中能够唯一标识每个元组的属性集合(一个或者多个属性)。

候选键 CK:不含有多余属性的超键。等价定义:

(1)对关系模式 $R(U,F)$ 的属性集 $X\subseteq U$,满足 $X\xrightarrow{F}U$。

(2)对关系模式 $R(U,F)$ 的属性集 $X\subseteq U$,满足 $X_F^+=U$。

主键 PK:对于一个关系的多个候选键,则在实际应用时,选中使用的候选键。所有候选键的属性称为主属性。不包含在任何候选键中的属性称为非主属性。

外键 FK：已知 X 是关系 R 的主键，X 是关系 S 的属性，则称 X 是关系 S 的外键。

范式：满足系统指定规范要求的关系模式的集合。即规范化的关系模式的集合。

常用范式：1NF；2NF；3NF；BCNF；4NF；5NF。

(1)1NF：关系模式 R 的所有属性都是不可分的基本数据项。

(2)2NF：关系模式 R∈1NF，并且 R 的每个非主属性都完全依赖于 R 的候选键。

(3)3NF：关系模式 R∈2NF，并且 R 的每个非主属性都不传递依赖于 R 的候选键。

(4)BCNF：关系模式 R∈1NF，对于 R 的任意非平凡依赖 X→Y，则 X 必含有候选键。

(5)4NF：关系模式 R∈1NF，且 R 的每个非平凡多值依赖 X→→Y，X 都含有候选键。

(6)5NF：关系模式 R∈4NF，并且消除关系模式中的连接依赖。

规范过程：1NF → 消除非主属性对候选键的部分函数依赖 → 2NF
→ 消除非主属性对候选键的传递函数依赖 → 3NF
→ 消除主属性对候选键的部分和传递依赖 → BCNF
→ 消除非平凡且非函数依赖的多值依赖 → 4NF
→ 消除连接依赖 → 5NF。

规范方法：分解低级关系模式，并转换为高级关系模式。一定程度上解决插入异常、修改异常、删除异常和数据冗余等问题。

等价分解：对于分解后的关系模式，既要保持关系模式下关系的元组信息不能丢失，又要保持关系模式的函数依赖关系不能发生改变。

保连接分解：保持关系模式下关系的元组信息不发生改变的分解。保连接保信息。即：

已知关系模式 $R(U,F)$ 的一个分解 $\mathscr{R}=\{R_1(U_1,F_1),R_2(U_2,F_2),\cdots,R_n(U_n,F_n)\}$，$R_1(U_1,F_1),R_2(U_2,F_2),\cdots,R_n(U_n,F_n)$ 的连接与 $R(U,F)$ 等价，亦即：

$$R(U,F)\equiv \bowtie_{i=1}^{n} R(U_i,F_i)$$

保依赖分解：保持关系模式的函数依赖关系不发生改变的分解。保依赖保完整。即：

已知关系模式 $R(U,F)$ 的一个分解 $R=\{R_1(U_1,F_1),R_2(U_2,F_2),\cdots,R_n(U_n,F_n)\}$，则 $(F_1\cup F_2\cup\cdots\cup F_n)\equiv F$，亦即：

$$F^{+} = (\bigcup_{i=1}^{n} F_i)^{+}$$

分解类型:保连接分解;保依赖分解;既保连接又保依赖分解。

物理结构:DB在存储介质上的存取方法、存储结构和存放位置。

(1)存取方法:存取数据的方法。平衡树(常用)、聚簇、散列、全文和空间等索引。

(2)存储结构:数据文件及其数据项在存储介质上的具体存储结构。

(3)存放位置:DB相关文件在存储介质上的具体存储位置。

(4)存储介质:用于存储文件的物理存储设备。磁盘、磁带、光盘、SAN、NAS等。

(5)设计方法:选择存取方法;设计存储结构;确定存放位置;选取存储介质;评价物理结构等。

实施和测试:设计人员运用DBMS提供的数据语言(DDL+DML+DCL+Tool)和主语言,根据逻辑结构和物理结构设计的结果建立数据库,编制和调试应用程序,组织数据入库,并进行测试和试运行,从而为用户提供功能齐全,数据正确完整,容错能力强,具有数据恢复能力和并发控制能力,运行安全稳定的应用数据库系统,并最终在工作平台上实现。

(1)实施步骤:硬件获取、应用程序设计、计算机机房场所准备、数据准备、测试、试运行和用户验收等。其中应用程序设计是主要步骤,也是主要任务。

(2)程序设计:用主语言和DBMS实现应用系统及其每一个功能细节。

(3)系统集成:根据系统的功能流程图,利用主控模块把各个功能模块集成为完整的数据库应用系统。即:数据入库、设置全局变量和局部变量、模块集成(主控模块与功能模块之间的调用以及相应子模块的调用)和调试等。

(4)系统测试:利用测试工具,选择合适的测试方法,对系统进行整体功能和性能测试,从而使系统的各项指标达到需求分析的要求。即:选择测试工具、确定测试方法、功能测试(黑盒测试)、性能测试(白盒测试)、系统评估和撰写测试报告。

(5)试运行:严格按照运行需求,分期分批导入数据,在指定环境下运行数据库系统,同时利用选定的测试工具和测试方法,对系统的各项指标进行测试,直到系统稳定运行。试运行的内容包括记录试运行状态及其功能和性能指标,撰写试运行报告和验收。

运行和维护:系统投入运行后,不但要进行运行管理,而且要定时定期地进行分析、评价和调整。运行维护包括运行管理、系统评价和系统维护。

(1)运行管理:按照设计方案购置软件、硬件和网络系统及其安装与调试;整理基础数据,培训操作人员;系统切换、运行日常维护、运行情况记录、文档管理和安全保密等。

(2)评价系统:目标与功能评价,性能评价,经济效益评价和撰写评价报告。

(3)维护系统:更正性维护、适应性维护、完善性维护和预防性维护等。内容包括:硬件设备维护、应用软件维护、代码维护和数据库维护(核心)等。维护通常由DBA完成,其中数据库维护需要转储和恢复、安全性控制、完整性控制、性能维护、重组与重构。

系统实施过程:

(1)确定选题:市场调研和分析,确定选题。例如:图书销售管理系统。

(2)需求分析:分析用户和系统需求,形成文档,绘制数据流图,记录数据字典。

(3)概念结构:抽象和归纳数据流图和数据字典,确定概念结构,绘制E-R图。

(4)逻辑结构:转化E-R图为关系模式,使其满足规范要求(3NF,或者BCNF)。

(5)用户视图:根据用户的数据需求,设计相应的视图。

(6)物理结构:设计适合逻辑结构的最佳存储环境。

(7)数据保护:完整性设计、安全性设计、数据恢复、并发控制。

(8)功能设计:加密、主控、输入、修改、查询、删除、输出、帮助等功能模块。

(9)界面设计:布局合理、界面美观、操作简单的GUI。

(10)系统环境:硬件和软件平台及其网络环境。例如:Windows 7+B2C。

(11)开发工具:DBMS、主语言、开发工具。例如:MySQL 5.5+IDL8.2。

(12)系统实施:软件程序员设计并实现系统功能。

(13)系统测试:利用测试工具,测试系统功能和性能指标,达到应用要求。

(14)试运行:严格按照运行需求,进行系统的非工作状态的试运行。高效+稳定。

(15)运行维护:系统投入运行;运行管理、系统评价和系统维护。

(16)系统更换:系统不能满足应用需求,考虑开发更先进、更高效的新系统。

实验一　VC++环境的学生信息管理系统

一、实验目的

熟练掌握利用Visual C++设计和实现微型学生信息管理系统的方法和技术。积累大型信息管理系统的研发经验。

二、实验内容

1.通过对学生信息的需求分析，设计并建立数据库 StudentDb 和表 Student。

2.实现数据的添加、修改、查询、删除等学生信息的管理功能。

(1)显示数据库的所有记录。

(2)按照提示输入一个记录，然后选择是否删除该记录。

3.要求使用 MySQL 实现数据库，使用 Visual C++实现系统功能设计。

4.实现过程要求：数据库的设计和建立；数据的添加、修改、查询、删除等基本功能的设计和实现方法；Visual C++与 DBMS 的连接和实现方法；Visual C++访问 MySQL 数据库的方法。

5.给出微型学生信息管理系统的完整程序代码。

6.按照实验报告模板，撰写实验报告。

参考素材：

1.设计和建立数据库

```
-- 数据库:StudentDb
-- 表:Student(SNo,SName,Addre,Phone)
-- 代码:SNo,SName,Addre,Phone
-- 含义:学号,姓名,地址,电话
-- 类型:字符,字符,字符,字符
-- 宽度:6,26,36,20
-- MySQL 实现
-- 删除数据库
DROP DATABASE IF EXISTS StudentDb;
-- 建立数据库
CREATE DATABASE IF NOT EXISTS StudentDb;
-- 打开数据库
USE StudentDb;
-- 删除表
DROP TABLE IF EXISTS Student;
-- 建立表
CREATE TABLE IF NOT EXISTS Student(
  SNo CHAR(6) PRIMARY KEY,
  SName CHAR(26),
  Addre CHAR(36),
  Phone CHAR(20));
```

```
-- 清空表
TRUNCATE Student;
-- 添加记录
INSERT INTO Student
VALUES ('111111','Sim','北京路66号','13666666666'),
    ('222222','Tim','南京路66号','13999999999');
```

2. 建立 ODBC 数据源。

使用 Visual C++和 ADO 数据库连接方法。利用 ADO 数据库接口访问 MySQL 数据库。

Windows 7 下建立 ODBC 数据源的方法：

(1)在 Windows 7 的控制面板中，单击“系统和安全”，单击“管理工具”，双击“数据源(ODBC)”，在 ODBC 数据源管理器中，单击“系统 DSN”标签。如图 9-3 所示。

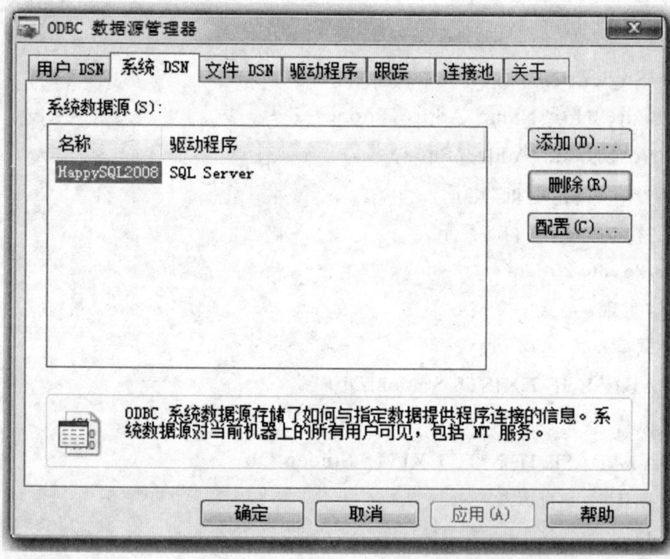

图 9-3 ODBC 数据源管理器

(2)单击“添加(D)...”(如图 9-4 所示)，并在“创建新数据源”窗口的数据源列表框中选择“MySQL ODBC 5.1 Driver”(如果没有该选项，请事先安装 MySQL ODBC 驱动：mysql-connector-odbc-5.1.11-win32.msi)，单击“完成”(如图 9-5 所示)。

(3)在图 9-5 中，“Data Source Name：”右侧输入：MySQL66；“Description：”右

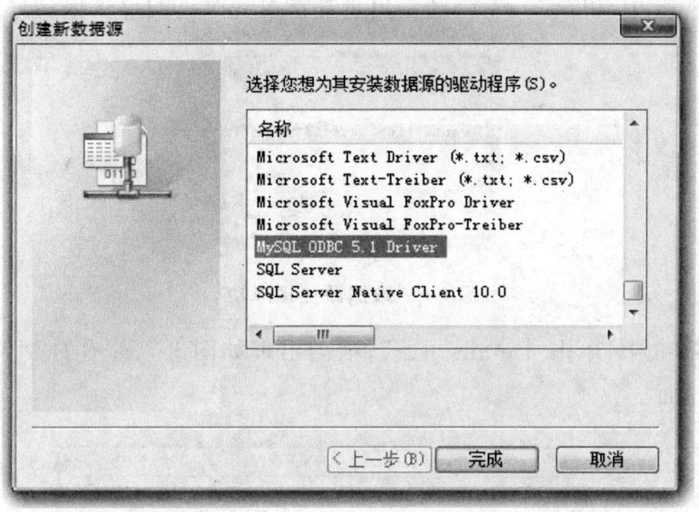

图 9-4　创建新数据源

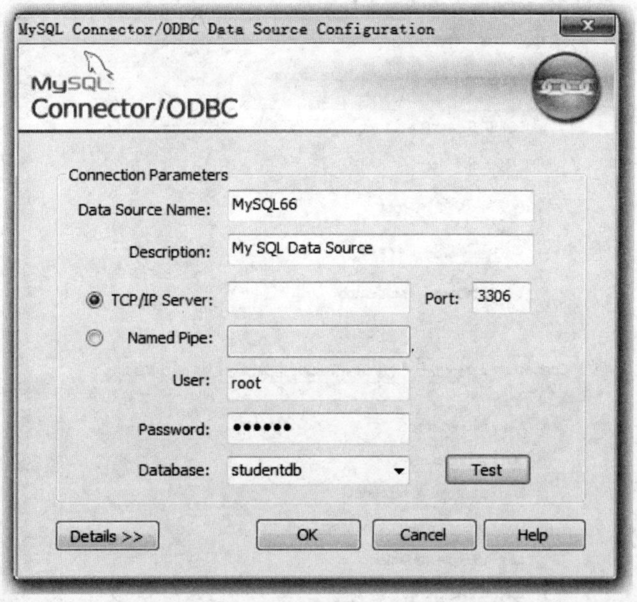

图 9-5　MySQL 数据源连接配置

侧输入：My SQL Data Source；“TCP/IP Server：”右侧输入：指定服务器的位置和名称，通常用默认服务器；“Port：”右侧输入端口号，默认：3306；然后输入登录数据库的用户 ID、密码和默认数据库等。

(4)在图 9-5 中,单击“Test”,则会出现如图 9-6 所示的连接成功界面。

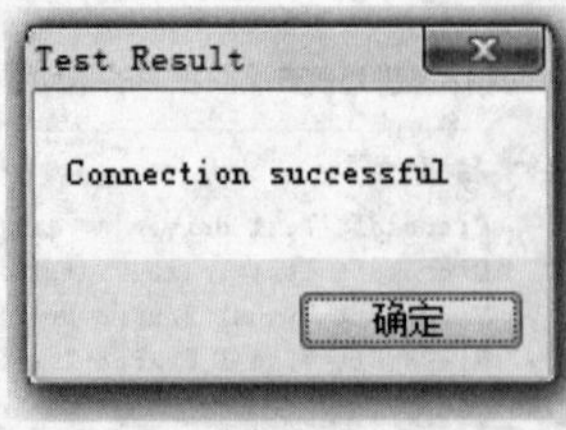

图 9-6　数据源连接成功

(5)在图 9-5 中,单击“Detalis>>”,则会出现如图 9-7 所示的 MySQL 数据源的详细配置界面。

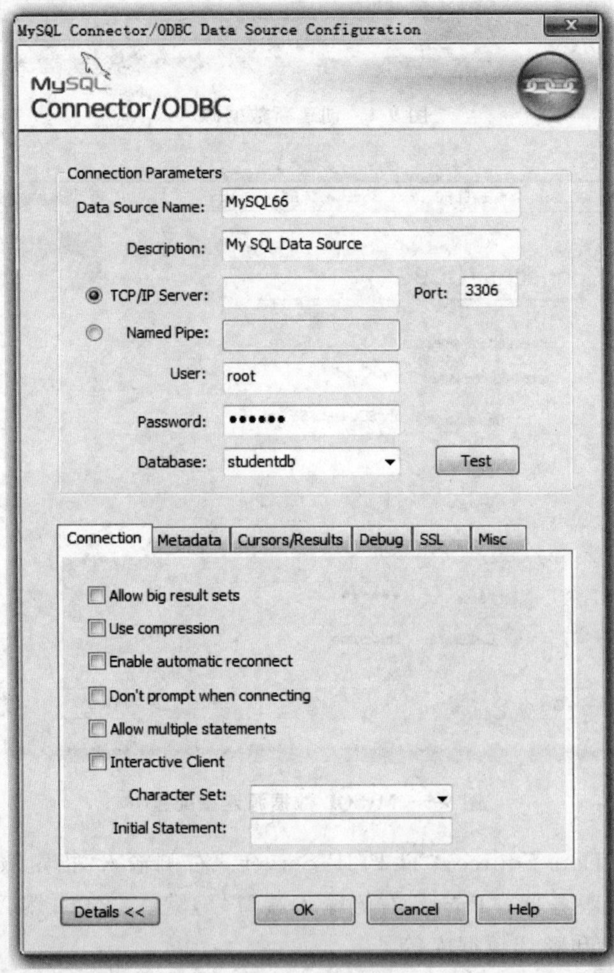

图 9-7　MySQL 数据源连接的详细配置

(6)在图 9-5 中，单击"OK"，则会出现如图 9-8 所示的 MySQL 数据源创建成功的界面。

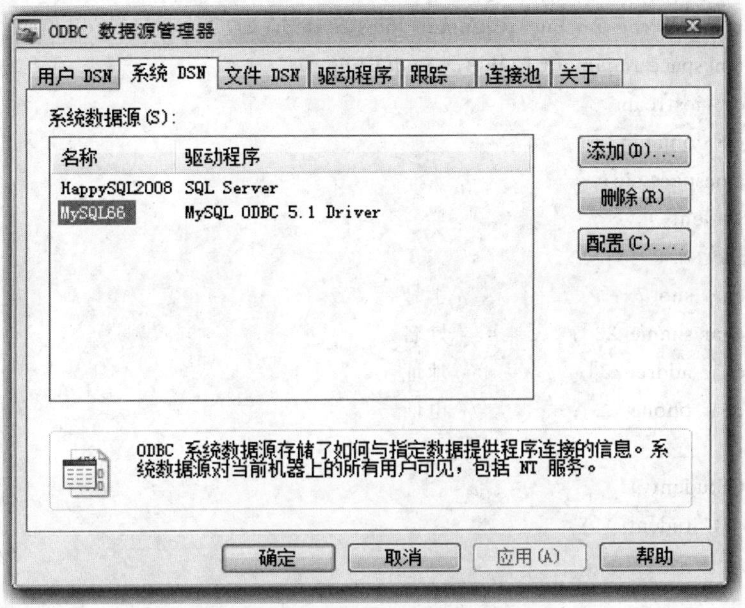

图 9-8　MySQL 数据源创建成功

(7)在图 9-8 中，选择指定的数据源(例如：MySQL66)，单击"配置(C)…"，可以进一步配置该数据源；单击"删除(R)"，则可以删除选定的数据源。

最后，单击"确定"完成数据源建立。

3. 实现 Vc＋＋访问 MySQL 数据库

使用 Visual C＋＋，连接到 ODBC 数据源 MySQL66。

利用 ADO 数据库连接方法，通过 ODBC 数据源 MySQL66，连接到 MySQL 数据库。

最终：实现 Visual C＋＋，通过 ODBC 数据源接口 MySQL66，访问 MySQL 的数据库。

连接数据库的 VC＋＋关键代码：

```
m_pConnection.CreateInstance(" ADODB.Connection ");
// 设置连接字符串，必须是 BSTR 类型或者 _bstr_t 类型
  _bstr_t strConnect＝" DSN＝MySQL66;Provider＝MSDASQL;\
        Server＝HappyYou－Zjsu;    uid＝root; pwd＝hpy123;";
```

4. 学生信息管理系统的 Visual C＋＋完整代码(StudentMisSql. app)

```
/***************************************/
/* StudentMisVc.cpp（学生信息管理系统）
/***************************************/
#import "c:\Program Files\Common Files\System\ADO\msado15.dll"\
  no_namespace rename("EOF","EndOfFile")
#include <iostream>
#include <iomanip>
using namespace std;
class CStudent
{   public:
        char sno[7];              // 学号
        char sname[22];           // 姓名
        char addre[22];           // 地址
        char phone[12];           // 电话
  public:
        CStudent(){}
        ~CStudent(){}
};
int main()
{   CStudent stu;
  ::CoInitialize(NULL);
  _ConnectionPtr m_pConnection("ADODB.Connection");
  _RecordsetPtr m_pRecordset("ADODB.Recordset");
  _bstr_t bstrSQL("select * from Student");
  char * UseDB="USE StudentDb";
  char * query_cmd="DELETE FROM Student WHERE sno='666666'";
  char Yn;
  try
  {   m_pConnection.CreateInstance("ADODB.Connection");
      // 设置连接字符串,必须是 BSTR 类型或者 _bstr_t 类型
       _bstr_t strConnect="DSN=MySQL66;Provider=MSDASQL;\
           Server=HappyYou-Zjsu; uid=root; pwd=hpy123;";
      m_pConnection->Open(strConnect,"","",adModeUnknown);
      if (m_pConnection==NULL)
           cerr << "Link data ERROR! \n";
      m_pConnection->Execute(UseDB,NULL,1); //打开数据库
      // 创建记录集对象
```

```
m_pRecordset.CreateInstance(__uuidof(Recordset));
// 读取表中记录,放入内存缓冲区(即 SQL 通讯区,SQLCA)
// 同时把记录集对象指向 SQLCA(即:SQL Communication Area)
m_pRecordset->Open(bstrSQL,m_pConnection.GetInterfacePtr(),
    adOpenDynamic,adLockOptimistic,adCmdText);
_variant_t vsno,vsname,vaddre,vphone;
// 对应数据库中表的 sno,sname,addre,phone
cout << "学号      姓名                地址                电话";
cout<< "\n=========================\n ";
while (! m_pRecordset->EndOfFile)
{   vsno   =m_pRecordset->GetCollect(" sno ");
    vsname=m_pRecordset->GetCollect(" sname ");
    vaddre=m_pRecordset->GetCollect(" addre ");
    vphone=m_pRecordset->GetCollect(" phone ");
    if (vsno.vt ! =VT_NULL && vsname.vt ! =VT_NULL &&
        vaddre.vt ! =VT_NULL && vphone.vt ! =VT_NULL)
    {   cout.setf(ios::left);
        cout << setw(10) << (char *)(_bstr_t)vsno;
        cout << setw(20) << (char *)(_bstr_t)vsname;
        cout << setw(30) << (char *)(_bstr_t)vaddre;
        cout << setw(40) << (char *)(_bstr_t)vphone;
        cout.unsetf(ios::left);
        cout << endl;
    }
    m_pRecordset->MoveNext(); // 记录指针(游标)移到下一条记录
}
cout << "\n====================\n ";
cout << "\n-- -- -- 学生信息管理系统 -- -- -- \n ";
cout << "\n====================\n ";
cout << "\n 请输入学号为 666666 的学生信息\n ";
cout << "\n 学号:"; cin >> stu.sno;
cout << "\n 姓名:"; cin >> stu.sname;
cout << "\n 地址:"; cin >> stu.addre;
cout << "\n 电话:"; cin >> stu.phone;
m_pRecordset->MoveFirst(); // 移动记录指针(游标)到第一条记录
m_pRecordset->AddNew();      // 添加新记录
m_pRecordset->PutCollect(" sno "  , _variant_t(stu.sno  ));
```

```
        m_pRecordset->PutCollect("sname", _variant_t(stu.sname));
        m_pRecordset->PutCollect("addre", _variant_t(stu.addre));
        m_pRecordset->PutCollect("phone", _variant_t(stu.phone));
        m_pRecordset->Update();
        cout << "\n 确定删除学号为 666666 的记录信息 (Y/N)? "; cin >> Yn;
        if (Yn=='Y' || Yn=='y')
        {   //用 Execute 执行 SQL 语句删除满足条件的记录
            m_pConnection->Execute(query_cmd,NULL,1);
        }
        m_pRecordset->Close();   //关闭记录集对象
    }
    catch(_com_error e)// 捕捉异常
    {   cerr << "\n ERROR:" << (char *)e.Description();} // 输出异常
    if (m_pConnection->State)
        m_pConnection->Close();
    ::CoUninitialize();
    return 0;
}
/******************************************************/
```

三、实验思考

1. 自主进一步完善学生信息管理系统的功能。

2. 分析使用 DBMS 建立数据库和自建数据库的优缺点。

3. 分析按照数据库系统设计的步骤实现信息管理系统的必要性和重要性，并指出系统设计的特点和注意事项等。

4. 解释 ODBC 数据源。简述 ODBC 数据源、主语言和 MySQL 数据库之间的关系以及 VC++主语言和 MySQL 数据库之间的访问和实现方法。

5. 对于“商品销售”数据库，利用 VC++和 MySQL 自行设计和实现一个微型商品销售管理系统。

6. 对实验进行评价，分析合理和不足之处，给出改进方案和注意事项等。

实验二　IDL 环境的商品信息管理系统

一、实验目的

熟练掌握利用 IDL 设计和实现微型商品信息管理系统的方法和技术。

二、实验内容

1.通过对商品信息的需求分析,设计并建立数据库 ShopDb 和表 Shop。

2.实现数据的添加、修改、查询、删除等商品信息的管理功能。

(1)显示功能菜单,交互选择相应功能。

(2)根据选择实现数据的添加、修改、查询、删除、帮助和退出等功能。

3.要求使用 MySQL 实现数据库,使用 IDL 实现系统功能设计。

4.实现过程要求:数据库的设计和建立;数据的添加、修改、查询、删除等基本功能的设计和实现方法;IDL 与 DBMS 的连接和实现方法;IDL 访问 MySQL 数据库的方法。

5.给出微型商品信息管理系统的完整程序代码。

6.按照实验报告模板,撰写实验报告。

参考素材:

1.设计和建立数据库

```
—— 数据库:ShopDb
—— 表:Shop(SNo,SName,Addre,Phone)
—— 代码:SNo,SName,Addre,Phone
—— 含义:店号,店名,地址,电话
—— 类型:字符,字符,字符,字符
—— 宽度:6,26,36,20
—— MySQL 实现
—— 删除数据库
DROP DATABASE IF EXISTS ShopDb;
—— 建立数据库
CREATE DATABASE IF NOT EXISTS ShopDb;
—— 打开数据库
USE ShopDb;
—— 删除表
DROP TABLE IF EXISTS Shop;
—— 建立表
CREATE TABLE IF NOT EXISTS Shop(
  SNo CHAR(6) PRIMARY KEY,
  SName CHAR(26),
  Addre CHAR(36),
  Phone CHAR(20));
```

```
-- 清空表
TRUNCATE Shop;
-- 添加记录
INSERT INTO Shop
VALUES ('010101','计算机','上海路 66 号','13666666666'),
    ('010102','打印机','广州路 66 号','13999999999');
```

2. 建立 ODBC 数据源

Windows 7 下建立 ODBC 数据源的方法同前述。

3. 实现 IDL 访问 MySQL 数据库

利用 IDLdbDataBase 类，创建数据库对象 CurDB；使用 IDLdbDataBase 类的 Connect 方法，连接数据库对象 CurDB 到数据源 MySQL66；连接 ODBC 数据源 MySQL66 到 MySQL 数据库。

最终：通过 ODBC 数据源接口 MySQL66，实现 IDL 访问 MySQL 的数据库。

连接数据库的 IDL 关键代码：

```
CurTable='Shop';数据库中数据表为 Shop
CurDB=OBJ_NEW('IDLdbDataBase');创建数据库对象
;使用 IDLdbDataBase::Connect 连接数据库对象 CurDB 及其数据库
CurDB->Connect,DataSource='MySQL66', $
  USER='root',PASSWORD='hpy123'
CurDB->ExecuteSQL,'USE ShopDb';打开数据库 ShopDb
```

4. 商品信息管理系统的 IDL 完整代码(ShopMisIdl.pro)

```
;-----------------------------------------------------------
; ShopMisLdl.pro (商店信息管理系统)
;-----------------------------------------------------------
PRO ShopMisLdl
CurTable='Shop';数据库中数据表为 Shop
CurDB=OBJ_NEW('IDLdbDataBase');创建数据库对象
;使用 IDLdbDataBase::Connect 连接数据库对象 CurDB 及其数据库
CurDB->Connect,DataSource='MySQL66', $
  USER='root',PASSWORD='hpy123'
CurDB->ExecuteSQL,'USE ShopDb';打开数据库 ShopDb
;创建记录表对象,读取数据库对象中的表
CurRS=OBJ_NEW('IDLdbRecordset',CurDB,Table=CurTable)
PRINT,'======================='
PRINT,'                    商店信息管理系统             '
```

```
PRINT,'======================='
PRINT,'                                                          '
PRINT,' 1—— 添加 2—— 修改 3—— 查询 4—— 删除 5—— 帮助 6—— 退出 '
PRINT,'                                                          '
PRINT,'======================='
READ,Choice,PROMPT='请选择(1-6):'
CASE Choice OF
  1: BEGIN
     Sno='' & Sna='' & Adr=''  &  Pho=''
     READ,Sno,PROMPT='请输入店号:' & Sno=STRTRIM(Sno,2)
     IF STRLEN(Sno) EQ 0 THEN  BEGIN
        Yn=DIALOG_MESSAGE('店号不能为空! ') & BREAK
     ENDIF
     READ,Sna,PROMPT='请输入店名:' & Sna=STRTRIM(Sna,2)
     READ,Adr,PROMPT='请输入店址:' & Adr=STRTRIM(Adr,2)
     READ,Pho,PROMPT='请输入电话:' & Pho=STRTRIM(Pho,2)
     CurRS->AddRecord,Sno,Sna,Adr,Pho
     Yn=DIALOG_MESSAGE('插入数据成功! ',TITLE='信息',/INFORMATION)
    END
  2: BEGIN
     Tt='' & READ,Tt,PROMPT='输入店号:'
     IF STRLEN(STRTRIM(Tt,2)) EQ 0 THEN  BEGIN
        Yn=DIALOG_MESSAGE('店号不能为空! ') & BREAK
     ENDIF
     ;移动记录指针到 CurRS 对象的第 1 个记录
     StatusRecord=CurRS->MOVECURSOR(/FIRST) & Flag=0
     WHILE StatusRecord EQ 1 DO BEGIN
       Sp1=STRTRIM(STRING(CurRS->GetField(0)),2)
       Sp2=STRTRIM(STRING(CurRS->GetField(1)),2)
       Sp3=STRTRIM(STRING(CurRS->GetField(2)),2)
       Sp4=STRTRIM(STRING(CurRS->GetField(3)),2)
       IF Sp1 EQ Tt THEN BEGIN
          PRINT,'店号:',Sp1 & PRINT,'店名:',Sp2
          PRINT,'店址:',Sp3 & PRINT,'电话:',Sp4
          READ,Sp1,PROMPT='请输入新店号:'
          IF STRLEN(STRTRIM(Sp1,2)) EQ 0 THEN  BEGIN
             Yn=DIALOG_MESSAGE('店号不能为空! ') & BREAK
```

```
        ENDIF
        READ,Sp2,PROMPT='请输入新店名:'
        READ,Sp3,PROMPT='请输入新店址:'
        READ,Sp4,PROMPT='请输入新电话:'
        CurRS->SetField,3,STRTRIM(Sp4,2)
        CurRS->SetField,2,STRTRIM(Sp3,2)
        CurRS->SetField,1,STRTRIM(Sp2,2)
        CurRS->SetField,0,STRTRIM(Sp1,2)
        Yn=DIALOG_MESSAGE('修改成功!',TITLE='信息')  & Flag=1
      ENDIF
      ;移到 CurRS 记录表对象的下一条记录
      StatusRecord=CurRS->MOVECURSOR(/NEXT)
    ENDWHILE
    IF Flag EQ 0 THEN Yn=DIALOG_MESSAGE('无修改记录!',TITLE='信息')
  END
 3: BEGIN
    Tt='' & READ,Tt,PROMPT='请输入店号:'
    IF STRLEN(STRTRIM(Tt,2)) EQ 0 THEN  BEGIN
        Yn=DIALOG_MESSAGE('店号不能为空!') & BREAK
    ENDIF
    StatusRecord=CurRS->MOVECURSOR(/FIRST) & Flag=0
    WHILE StatusRecord EQ 1 DO BEGIN
      Sp1=STRTRIM(STRING(CurRS->GetField(0)),2)
      Sp2=STRTRIM(STRING(CurRS->GetField(1)),2)
      Sp3=STRTRIM(STRING(CurRS->GetField(2)),2)
      Sp4=STRTRIM(STRING(CurRS->GetField(3)),2)
      IF Sp1 EQ STRTRIM(Tt,2) THEN BEGIN
         PRINT,'店号:',Sp1 & PRINT,'店名:',Sp2
         PRINT,'店址:',Sp3 & PRINT,'电话:',Sp4  & Flag=1
      ENDIF
      StatusRecord=CurRS->MOVECURSOR(/NEXT)
    ENDWHILE
    IF Flag EQ 0 THEN Yn=DIALOG_MESSAGE('查无此店!',TITLE='信息')
  END
 4: BEGIN
    Tt='' & READ,Tt,PROMPT='请输入店号:'
    IF STRLEN(STRTRIM(Tt,2)) EQ 0 THEN  BEGIN
```

```
            Yn=DIALOG_MESSAGE('店号不能为空！')  & BREAK
        ENDIF
        StatusRecord=CurRS->MOVECURSOR(/FIRST)  & Flag=0
        WHILE StatusRecord EQ 1 DO BEGIN
          Sp1=STRTRIM(STRING(CurRS->GetField(0)),2)
          IF Sp1 EQ Tt THEN BEGIN
            CurRS->DeleteRecord & Flag=1
            Yn=DIALOG_MESSAGE('删除数据成功！',TITLE='信息')
          ENDIF
          StatusRecord=CurRS->MOVECURSOR(/NEXT)
        ENDWHILE
        IF Flag EQ 0 THEN Yn=DIALOG_MESSAGE('无删除记录！',TITLE='信息')
      END
    5：Yn=DIALOG_MESSAGE(['================', $
                         '        商店信息管理帮助系统 6.6        ', $
                         '================', $
                         '                                        ', $
                         '          请按照提示信息操作！          ', $
                         '          程序设计：HappyYou            ', $
                         '                2012.06.26              ', $
                         '                                        ', $
                         '================'], $
                         /INFORMATION,TITLE='帮助信息')
    6：BREAK
    ELSE：Yn=DIALOG_MESSAGE(['选择错误！','请选择 1-6！'],/ERROR)
ENDCASE
Yn=DIALOG_MESSAGE('继续吗？',/QUESTION,TITLE='信息')
IF Yn EQ 'Yes' THEN BEGIN
    ShopMisLdl
ENDIF ELSE BEGIN
    Yn=DIALOG_MESSAGE(['谢谢使用！','再见！'],TITLE='信息')
ENDELSE
END
;-----------------------------------------------------
```

三、实验思考

1. 自主进一步完善商品信息管理系统的功能。

2. 使用 IDL 自建数据库,同时实现系统功能的商品信息管理系统。

3. 总结 IDL 和 MySQL 数据库之间的访问和实现方法。

4. 对于学生信息数据库,利用 IDL 和 MySQL 自行设计和实现一个微型学生信息管理系统。

5. 对实验进行评价,分析合理和不足之处,给出改进方案和注意事项等。

实验三　Java 环境的学生信息管理系统

一、实验目的

熟练掌握利用 Java 设计和实现学生信息管理系统的方法和技术。

二、实验内容

1. 通过对学生基本信息的需求分析,设计并建立数据库 StuDb 和表 Student。

2. 实现数据的添加、修改、查询、删除等学生信息的管理功能。

(1)用户的登录验证。

(2)学生信息的交互添加功能。

(3)学生信息的交互修改功能。

(4)学生信息的交互查询功能。

(5)学生信息的交互删除功能。

(6)系统帮助功能。

3. 要求使用 MySQL 实现数据库;使用 Java 实现系统功能设计。

4. 实现过程要求:数据库的设计和建立;数据的添加、修改、查询、删除等基本功能的设计和实现方法;Java 与 DBMS 的连接和实现方法;Java 访问 MySQL 数据库的方法。

5. 给出微型学生信息管理系统的完整程序代码。

6. 按照实验报告模板,撰写实验报告。

参考素材:

1. 设计和建立数据库

```
—— 数据库:StuDb
—— 表:Student(SNo,SName,SSex,SAge, SPro)
—— 代码:SNo,SName,SSex, SAge,SPro
```

```
-- 含义:学号,姓名,性别,年龄,专业
-- 类型:字符,字符,字符,整型,字符
-- 宽度:6,16,2,2,26
-- MySQL 实现
-- 删除数据库
DROP DATABASE IF EXISTS StuDb;
-- 建立数据库
CREATE DATABASE IF NOT EXISTS StuDb;
-- 打开数据库
USE StuDb;
-- 删除表
DROP TABLE IF EXISTS Student;
-- 建立表
CREATE TABLE IF NOT EXISTS Student(
  SNo CHAR(6) PRIMARY KEY,
  SName CHAR(16),
  SSex CHAR(2),
  SAge INT,
  SPro CHAR(26));
-- 清空表
TRUNCATE Student;
-- 添加记录
INSERT INTO Student
VALUES ('010101','李华','男',19,'软件工程'),
    ('010102','赵明','女',16,'信息系统');
```

2. 建立 Java 运行环境

安装 Java 系统环境(例如:jdk_7u5_windows_i586.exe);

安装 JDBC 驱动(例如:JDBC.exe);

安装 Eclipse 环境(例如:eclipse_SDK_4.2_win32.zip);

配置系统运行环境(关键步骤:对于不同的 OS,需要作相应的配置)。

3. 实现 Java 访问 MySQL 数据库(注意调整服务器+用户+密码)

建立测试数据库连接:在 Eclipse 中导入程序,使用 Java 连接到 JDBC 接口,连接 JDBC 到 ODBC 接口,再连接 ODBC 接口到 MySQL 数据库。

最终:依次通过 JDBC 接口和 ODBC 接口,实现 Java 访问 MySQL 的数据库。

```
-- JDBC 连接 MySQL(mm.mysql_3.0.2_bin.jar)
```

```
Class.forName( "org.gjt.mm.mysql.Driver " );
cn=DriverManager.getConnection(
   " jdbc: mysql://DBServerIP: 3306/MyDatabaseName ",Usr,Pwd );
-- JDBC 连接 ODBC
Class.forName( "sun.jdbc.odbc.JdbcOdbcDriver " );
Connection cn=DriverManager.getConnection(
   " jdbc: odbc:"+Dsn, Usr, Pwd );
-- 连接数据库的 Java 关键代码
private Statement st;
private String user=" root ", pass=" hpy123 ", qs=" SELECT * FROM student ";
public RSTable(String query) throws SQLException,ClassNotFoundException{
      Class.forName(" sun.jdbc.odbc.JdbcOdbcDriver ");
      con=DriverManager.getConnection(" jdbc: odbc: studb ", user, pass);
      st=con.createStatement(ResultSet.TYPE_SCROLL_INSENSITIVE,
               ResultSet.CONCUR_READ_ONLY);
      setQuery(query);
  }
```

4.学生信息管理系统的 Java 部分核心代码(*.Java)

```
-- 帮助信息文档 Help.txt:
//=========================
-- 学生信息管理系统 版本 6.6 -
-------------------------------------
-- 1.添加学生信息:Add.java
-- 2.修改学生信息:Corrrect.java
-- 3.查询学生信息:Search.java
-- 4.删除学生信息:Delete.java
-- 5.数据连接程序:RSTable.java
-- 6.系统登录程序:Safe.java
-- 7.退出系统程序:Quit.java
-- 8.系统主控程序:StudentGui.java
-- 9.帮助信息文档:Help.txt
-------------------------------------
-- 系统主控程序 StudentGui.java
//=========================
// StudentGui.java
```

```
//=========================
import javax.swing.*;
import java.awt.*;
import java.awt.event.*;
import java.io.FileReader;
import java.io.IOException;
public class StudentGui implements ActionListener {
  static Container cp;
  static CardLayout card;
  static JFrame f;
  JTabbedPane jtab;
  TextArea ta, ta1;
  JButton bt[];
  JLabel lb[];
  JPanel pan[];
  FileReader fr;
  add a=new add();
  search sea=new search();
  correct cc=new correct();
  delete del=new delete();
  quit q=new quit();
  safe ss=new safe();
  public StudentGui() throws IOException {
      bt=new JButton[2];
      f=new JFrame("学生信息管理系统");
      f.setSize(600, 450);
      f.setVisible(true);
      f.setIconImage((new ImageIcon("title.jpg")).getImage());
      f.addWindowListener(new WinLis());
      fr=new FileReader("HELP.txt");
      jtab=new JTabbedPane(JTabbedPane.TOP);
      cp=f.getContentPane();
      card=new CardLayout();
      ta=new TextArea(5, 10);
      ta1=new TextArea(5, 10);
      ta.setEditable(false);
      ta1.setEditable(false);
```

```
int c=fr.read();
while (c != -1) {
    ta.setText(ta.getText()+(char) c);
    ta1.setText(ta.getText()+(char) c);
    c=fr.read();
}
fr.close();
cp.setLayout(card);
pan=new JPanel[7];
for (int i=0; i < pan.length; i++) {
    pan[i]=new JPanel();
}
lb=new JLabel[2];
for (int i=0; i < lb.length; i++) {
    lb[i]=new JLabel();
}
jtab.add("添加", a.pan[0]);
jtab.add("查找", sea.pan[0]);
jtab.add("修改", cc.pan[0]);
jtab.add("删除", del.pan[0]);
jtab.add("关于系统", ta1);
jtab.add("退出", q.pan);
lb[0].setIcon(new ImageIcon("2.jpg"));
lb[1].setIcon(new ImageIcon(String.valueOf(0)+".gif"));
bt[0]=new JButton("Enter");
bt[1]=new JButton("Quit");
bt[0].addActionListener(this);
bt[1].addActionListener(this);
pan[0].setLayout(new BorderLayout());
pan[1].setLayout(new FlowLayout());
pan[2].setLayout(new BorderLayout());
pan[1].add(bt[0]);
pan[1].add(bt[1]);
pan[0].add("Center", ta);
pan[0].add("West", lb[1]);
pan[0].add("South", pan[1]);
cp.add("card1", lb[0]);
```

```
        cp.add("card2", pan[0]);
        cp.add("card3", ss.pan[0]);
        cp.add("card4", jtab);
        try {
            Class.forName("sun.jdbc.odbc.JdbcOdbcDriver");
        } catch (ClassNotFoundException err) {
        }
    }
    public static void main(String args[]) throws IOException {
        new StudentGui();
        try {
            Thread.sleep(3000);
        } catch (InterruptedException e) {
        }
        card.next(cp);
    }
    public void actionPerformed(ActionEvent e) {
        if (e.getSource() == bt[0]) {
            card.next(cp);
        }
        if (e.getSource() == bt[1]) {
            System.exit(0);
        }
    }
    class WinLis extends WindowAdapter {
        public void windowClosing(WindowEvent e) {
            System.exit(0);
        }
    }
}
```

——系统添加模块 add.java

```
//=========================
// add.java
//=========================
import java.awt.*;
import java.awt.event.*;
import java.io.IOException;
```

```
import java.sql.Connection;
import java.sql.DriverManager;
import java.sql.PreparedStatement;
import java.sql.SQLException;
import javax.swing.*;
public class add implements ActionListener, ItemListener {
  JLabel lb[], lable, lable1;
  JPanel pan[];
  JComboBox cmb;
  JTextField tf1, tf[];
  JButton bt, handin;
  CardLayout card;
  Connection con;
  public add() throws IOException {
      cmb=new JComboBox();
      cmb.addItemListener(this);
      card=new CardLayout();
      tf1=new JTextField(10);
      tf1.setEditable(false);
      lable=new JLabel("新增模式");
      lable.setHorizontalAlignment(JLabel.CENTER);
      lable.setFont(new Font("华文行楷", Font.BOLD, 30));
      bt=new JButton("下步");
      bt.setIcon(new ImageIcon(" but1.gif "));
      bt.addActionListener(this);
      handin=new JButton("提交");
      handin.addActionListener(this);
      lb=new JLabel[7];
      for (int i=0; i < lb.length; i++) {
          lb[i]=new JLabel("", JLabel.RIGHT);
      }
      tf=new JTextField[5];
      for (int i=0; i < tf.length; i++) {
          tf[i]=new JTextField(3);
      }
      pan=new JPanel[8];
      for (int i=0; i < pan.length; i++) {
```

```
        pan[i]=new JPanel();
    }
    lb[0].setText("增加学生信息");
    lb[1].setText("增加学生人数");
    pan[0].setLayout(card);
    pan[1].setLayout(new GridLayout(4, 1, 0, 20));
    pan[2].setLayout(new FlowLayout());
    pan[3].setLayout(new FlowLayout());
    pan[4].setLayout(new FlowLayout());
    cmb.addItem("增加一名");
    cmb.addItem("增加多名");
    pan[2].add(lb[0]);
    pan[2].add(cmb);
    pan[3].add(lb[1]);
    pan[3].add(tf1);
    pan[4].add(bt);
    pan[1].add(lable);
    pan[1].add(pan[2]);
    pan[1].add(pan[3]);
    pan[1].add(pan[4]);
    lable1=new JLabel("输入学生信息:", JLabel.CENTER);
    lable1.setFont(new Font("华文行楷", Font.BOLD, 30));
    lb[2].setText("学号 ");
    lb[3].setText("姓名");
    lb[4].setText("性别");
    lb[5].setText("年龄");
    lb[6].setText("专业");
    lb[2].setSize(new Dimension(20, 10));
    pan[5].setLayout(new BorderLayout());
    pan[6].setLayout(new GridLayout(5, 3, 0, 50));
    pan[7].setLayout(new FlowLayout());
    pan[6].add(lb[2]);
    pan[6].add(tf[0]);
    pan[6].add(new JLabel("   "));
    pan[6].add(lb[3]);
    pan[6].add(tf[1]);
    pan[6].add(new JLabel("   "));
```

```
        pan[6].add(lb[4]);
        pan[6].add(tf[2]);
        pan[6].add(new JLabel("   "));
        pan[6].add(lb[5]);
        pan[6].add(tf[3]);
        pan[6].add(new JLabel("   "));
        pan[6].add(lb[6]);
        pan[6].add(tf[4]);
        pan[7].add(handin);
        pan[5].add("North", lable1);
        pan[5].add("Center", pan[6]);
        pan[5].add("South", pan[7]);
        pan[0].add("card2", pan[5]);
    }
    public void actionPerformed(ActionEvent e) {
        if (e.getSource() == bt) {
            card.show(pan[0], "card2");
        }
        if (e.getSource() == handin) {
            try {
          con=DriverManager.getConnection("jdbc:odbc:studb",
                 "root","hpy123");
            } catch (SQLException e2) {
                JOptionPane.showMessageDialog(StudentGui.cp,
                    "系统出错！","学生信息管理系统",
                    JOptionPane.WARNING_MESSAGE);
            }
            String id=tf[0].getText();
            String name=tf[1].getText();
            String ss1=tf[2].getText();
            int ss2=change(tf[3].getText());
            String ss3=tf[4].getText();
            tf[0].setText("");
            tf[1].setText("");
            tf[2].setText("");
            tf[3].setText("");
            tf[4].setText("");
```

```
            try {
                news(id, name, ss1, ss2, ss3);
            } catch (SQLException e1) {
                JOptionPane.showMessageDialog(StudentGui.cp,
                    "操作失败！", "学生信息管理系统",
                    JOptionPane.WARNING_MESSAGE);
            }
        }
    }
    public void itemStateChanged(ItemEvent e) {
        if (cmb.getSelectedIndex() == 1) {
            tf1.setEditable(true);
        } else
            tf1.setEditable(false);
    }
    public void news(String id, String name,
            String ss1, int ss2, String ss3)
            throws SQLException {
        String sql=" INSERT INTO student VALUES(?,?,?,?,?)";
        PreparedStatement ps=con.prepareStatement(sql);
        ps.setString(1, id);
        ps.setString(2, name);
        ps.setString(3, ss1);
        ps.setInt(4, ss2);
        ps.setString(5, ss3);
        ps.executeUpdate();
        con.close();
        JOptionPane.showMessageDialog(StudentGui.cp, "添加成功");
    }
    public int change(String s) {
        return (Integer.parseInt(s));
    }
}
```

—— 系统修改模块 correct.java

```
//===========================
// correct.java
//===========================
```

```
import java.awt. * ;
import java.awt.event. * ;
import java.io.IOException;
import java.sql. * ;
import javax.swing. * ;
public class correct implements ActionListener {
  JLabel lb[], lable, lable1;
  JPanel pan[];
  JComboBox cmb;
  JTextField tf1, tf[];
  JButton bt, handin;
  CardLayout card;
  Connection con;
  Statement s;
  public correct() throws IOException {
      cmb=new JComboBox();
      card=new CardLayout();
      tf1=new JTextField(10);
      tf1.setEditable(false);
      lable=new JLabel("修改模式");
      lable.setHorizontalAlignment(JLabel.CENTER);
      lable.setForeground(Color.red);
      lable.setFont(new Font("华文行楷", Font.BOLD, 30));
      bt=new JButton("下步");
      bt.setIcon(new ImageIcon(" but1.gif "));
      bt.addActionListener(this);
      handin=new JButton("提交");
      handin.addActionListener(this);
      lb=new JLabel[5];
      for (int i=0; i < lb.length; i++) {
          lb[i]=new JLabel("", JLabel.RIGHT);
      }
      tf=new JTextField[4];
      for (int i=0; i < tf.length; i++) {
          tf[i]=new JTextField(3);
      }
      pan=new JPanel[7];
```

```
for (int i=0; i < pan.length; i++) {
    pan[i]=new JPanel();
}
lb[0].setText("请选择修改方式:");
pan[0].setLayout(card);
pan[1].setLayout(new GridLayout(3, 1, 0, 20));
pan[2].setLayout(new FlowLayout());
pan[3].setLayout(new FlowLayout());
cmb.addItem("修改指定学号学生:");
cmb.addItem("修改范围学号学生:");
pan[2].add(lb[0]);
pan[2].add(cmb);
pan[3].add(bt);
pan[1].add(lable);
pan[1].add(pan[2]);
pan[1].add(pan[3]);
lable1=new JLabel("输入修改学生信息:", JLabel.CENTER);
lable1.setFont(new Font("华文行楷", Font.BOLD, 30));
lb[1].setText("学号 ");
lb[2].setText("性别");
lb[3].setText("年龄");
lb[4].setText("专业");
pan[4].setLayout(new BorderLayout());
pan[5].setLayout(new GridLayout(4, 3, 0, 70));
pan[6].setLayout(new FlowLayout());
pan[5].add(lb[1]);
pan[5].add(tf[0]);
pan[5].add(new JLabel(" "));
pan[5].add(lb[2]);
pan[5].add(tf[1]);
pan[5].add(new JLabel(" "));
pan[5].add(lb[3]);
pan[5].add(tf[2]);
pan[5].add(new JLabel(" "));
pan[5].add(lb[4]);
pan[5].add(tf[3]);
pan[5].add(new JLabel(" "));
```

```
        pan[6].add(handin);
        pan[4].add(" North ", lable1);
        pan[4].add(" Center ", pan[5]);
        pan[4].add(" South ", pan[6]);
        pan[0].add(" card2 ", pan[4]);
    }
    public void actionPerformed(ActionEvent e) {
        if (e.getSource() == bt) {
            card.show(pan[0], " card2 ");
        }
        if (e.getSource() == handin) {
            try {
          con=DriverManager.getConnection(" jdbc: odbc: studb ",
                " root "," hpy123 ");
                s=con.createStatement();
            } catch (SQLException e2) {
                JOptionPane.showMessageDialog(StudentGui.cp,
                    "系统出错！ ","学生信息管理系统",
                    JOptionPane.WARNING_MESSAGE);
            }
            String id=tf[0].getText();
            String sc1=tf[1].getText();
            int sc2=Integer.parseInt(tf[2].getText());
            String sc3=tf[3].getText();
            tf[0].setText("");
            tf[1].setText("");
            tf[2].setText("");
            tf[3].setText("");
            try {
                corr(id, sc1, sc2, sc3);
            } catch (SQLException e1) {
                JOptionPane.showMessageDialog(StudentGui.cp,
                    "系统出错！ ","学生信息管理系统",
                    JOptionPane.WARNING_MESSAGE);
            }
        }
    }
```

```
  public void corr(String id, String d1, int d2, String d3)
          throws SQLException {
      String sqlstr=" UPDATE student set ssex='"+d1+"',
          sage="+d2+",spro='"+d3+"' where sno="+id;
      System.out.println(sqlstr);
      Statement st=con.createStatement();
      st.executeUpdate(sqlstr);
      JOptionPane.showMessageDialog(StudentGui.cp,
          "操作成功！","学生信息管理系统",
          JOptionPane.PLAIN_MESSAGE);
      s.close();
      con.close();
  }
}
```

—— 删除模块 add.java

```
//=========================
// delete.java
//=========================
import java.awt.*;
import java.awt.event.*;
import java.io.IOException;
import java.sql.*;
import javax.swing.*;
public class delete implements ActionListener {
  JLabel lb[], lable, lable1;
  JPanel pan[];
  JComboBox cmb;
  JTextField tf1, tf[];
  JButton bt, handin;
  CardLayout card;
  Connection con;
  Statement s;
  public delete() throws IOException {
      cmb=new JComboBox();
      card=new CardLayout();
      tf1=new JTextField(10);
      tf1.setEditable(false);
```

```
lable=new JLabel("删除模式:");
lable.setHorizontalAlignment(JLabel.CENTER);
lable.setForeground(Color.red);
lable.setFont(new Font("华文行楷", Font.BOLD, 30));
bt=new JButton("下步");
bt.setIcon(new ImageIcon("but1.gif"));
bt.addActionListener(this);
handin=new JButton("提交");
handin.addActionListener(this);
lb=new JLabel[7];
for (int i=0; i < lb.length; i++) {
    lb[i]=new JLabel("", JLabel.RIGHT);
}
tf=new JTextField[2];
for (int i=0; i < tf.length; i++) {
    tf[i]=new JTextField(3);
}
pan=new JPanel[7];
for (int i=0; i < pan.length; i++) {
    pan[i]=new JPanel();
}
lb[0].setText("请选择删除方式:");
pan[0].setLayout(card);
pan[1].setLayout(new GridLayout(3, 1, 0, 20));
pan[2].setLayout(new FlowLayout());
pan[3].setLayout(new FlowLayout());
cmb.addItem("删除指定学号学生");
cmb.addItem("删除范围学号学生");
pan[2].add(lb[0]);
pan[2].add(cmb);
pan[3].add(bt);
pan[1].add(lable);
pan[1].add(pan[2]);
pan[1].add(pan[3]);
lable1=new JLabel("输入删除学生信息:", JLabel.CENTER);
lable1.setFont(new Font("华文行楷", Font.BOLD, 30));
lb[1].setText("学号:");
```

```
        lb[2].setText("姓名:");
        pan[4].setLayout(new BorderLayout());
        pan[5].setLayout(new GridLayout(4, 3, 0, 70));
        pan[6].setLayout(new FlowLayout());
        pan[5].add(new JLabel(" "));
        pan[5].add(new JLabel("  "));
        pan[5].add(new JLabel("   "));
        pan[5].add(lb[1]);
        pan[5].add(tf[0]);
        pan[5].add(new JLabel("  "));
        pan[5].add(lb[2]);
        pan[5].add(tf[1]);
        pan[5].add(new JLabel("  "));
        pan[6].add(handin);
        pan[4].add("North", lable1);
        pan[4].add("Center", pan[5]);
        pan[4].add("South", pan[6]);
        pan[0].add("card2", pan[4]);
    }
    public void actionPerformed(ActionEvent e) {
        if (e.getSource() == bt) {
            card.show(pan[0], "card2");
        }
        if (e.getSource() == handin) {
            try {
          con=DriverManager.getConnection("jdbc:odbc:studb",
                "root","hpy123");
                s=con.createStatement();
            } catch (SQLException e2) {
                JOptionPane.showMessageDialog(StudentGui.cp,
                    "系统出错!","学生信息管理系统",
                    JOptionPane.WARNING_MESSAGE);
            }
            String id=tf[0].getText();
            String name=tf[1].getText();
            tf[0].setText("");
            tf[1].setText("");
```

```
        try {
            del(id, name);
        } catch (SQLException e1) {
            JOptionPane.showMessageDialog(StudentGui.cp,
                "系统出错！","学生信息管理系统",
                JOptionPane.WARNING_MESSAGE);
        }
    }
}
public void del(String id, String name) throws SQLException {
    if(name.equals("")&&id.equals("")){
        JOptionPane.showMessageDialog(StudentGui.cp,
            "学号和姓名不能同时为空！","学生信息管理系统",
            JOptionPane.PLAIN_MESSAGE);
    }
    else{
      if (name.equals("")) {
        PreparedStatement ps=con
            .prepareStatement(" delete from student where sno=? ");
        ps.setString(1, id);
        ps.executeUpdate();
      }
      else if (id.equals("")) {
        PreparedStatement ps=con
            .prepareStatement(" delete from student where sname=? ");
        ps.setString(1, name);
        ps.executeUpdate();
      }
      else
      {
        PreparedStatement ps=con
        .prepareStatement
            (" delete from student where sname=? and sno=? ");
        ps.setString(1, name);
        ps.setString(2, id);
        ps.executeUpdate();
      }
```

```
        JOptionPane.showMessageDialog(StudentGui.cp,
            "操作成功！","学生信息管理系统",
            JOptionPane.PLAIN_MESSAGE);
        }
        s.close();
        con.close();
    }
}
```

—— 退出模块 quit.java

```
//=======================
// quit.java
//=======================
import java.awt.BorderLayout;
import java.awt.FlowLayout;
import java.awt.event.ActionEvent;
import java.awt.event.ActionListener;
import javax.swing.*;
public class quit implements ActionListener{
    JLabel lb;
    JButton bt;
    JPanel pan,pan1;
    public quit(){
        bt=new JButton("确定");
        bt.setIcon(new ImageIcon("but4.gif"));
        bt.addActionListener(this);
        lb=new JLabel(new ImageIcon("1.gif"));
        pan=new JPanel();
        pan1=new JPanel();
        pan.setLayout(new BorderLayout());
        pan1.setLayout(new FlowLayout());
        pan1.add(bt);
        pan.add("Center",lb);
        pan.add("South",pan1);
    }
    public void actionPerformed(ActionEvent e) {
        if(e.getSource()==bt){
```

```
            System.exit(0);
            }
    }
}
-- 初始模块 RSTable.java
// ========================
// RSTable.java
// ========================
import java.awt.*;
import java.awt.event.*;
import java.sql.*;
import javax.swing.*;
import javax.swing.table.*;
class RSTable extends AbstractTableModel {
private Connection con;
private Statement st;
private ResultSet rs;
private ResultSetMetaData rsmd;
private int numberOfRows;
private String user="root", pass="hpy123", qs="SELECT * FROM student";
public RSTable(String query) throws SQLException,ClassNotFoundException{
        Class.forName("sun.jdbc.odbc.JdbcOdbcDriver");
        con=DriverManager.getConnection("jdbc:odbc:studb",
                "root","hpy123");
        st=con.createStatement(ResultSet.TYPE_SCROLL_INSENSITIVE,
                ResultSet.CONCUR_READ_ONLY);
        setQuery(query);
    }
    public Class getColumnClass(int column) {
        try {
            String className=rsmd.getColumnClassName(column+1);
            return Class.forName(className);
        } catch (Exception e) {
            System.out.println(e);
        }
        return Object.class;
    }
```

```
public int getColumnCount() {
    try {
        return rsmd.getColumnCount();
    } catch (SQLException se) {
        System.out.println(se);
    }
    return 0;
}
public String getColumnName(int column) {
    try {
        return rsmd.getColumnName(column+1);
    } catch (SQLException se) {
        System.out.println(se);
    }
    return "";
}
public int getRowCount() {
    return numberOfRows;
}
public Object getValueAt(int row, int column) {
    try {
        rs.absolute(row+1);
        return rs.getObject(column+1);
    } catch (SQLException se) {
        System.out.println(se);
    }
    return "";
}
protected void finalize() {
    try {
        rs.close();
        st.close();
        con.close();
    } catch (SQLException se) {
        System.out.println(se);
    }
}
```

```
    public void setQuery(String query) throws SQLException {
        rs=st.executeQuery(query);
        rsmd=rs.getMetaData();
        rs.last();
        numberOfRows=rs.getRow();
        fireTableStructureChanged();
    }
}
```

-- 验证模块 safe.java

```
// ========================
// safe.java
// ========================
import java.awt.*;
import java.awt.event.*;
import java.io.IOException;
import javax.swing.*;
public class safe implements ActionListener {
    JLabel lb[], lable;
    JPanel pan[];
    JTextField tf1;
    private JPasswordField tf2;
    JButton bt;
    public safe() throws IOException {
        tf1=new JTextField("admin", 10);
        tf2=new JPasswordField(10);
        lable=new JLabel("身份验证:");
        lable.setHorizontalAlignment(JLabel.CENTER);
        lable.setFont(new Font("华文行楷", Font.BOLD, 30));
        bt=new JButton("提交");
        bt.setIcon(new ImageIcon("but1.gif"));
        bt.addActionListener(this);
        lb=new JLabel[3];
        for (int i=0; i< lb.length; i++) {
            lb[i]=new JLabel();
        }
        pan=new JPanel[5];
        for (int i=0; i< pan.length; i++) {
```

```
            pan[i]=new JPanel();
        }
        lb[0].setText("输入用户:");
        lb[1].setText("输入密码:");
        pan[0].setLayout(new GridLayout(4, 1, 0, 20));
        pan[1].setLayout(new FlowLayout());
        pan[2].setLayout(new FlowLayout());
        pan[3].setLayout(new FlowLayout());
        pan[1].add(lb[0]);
        pan[1].add(tf1);
        pan[2].add(lb[1]);
        pan[2].add(tf2);
        pan[3].add(bt);
        pan[0].add(lable);
        pan[0].add(pan[1]);
        pan[0].add(pan[2]);
        pan[0].add(pan[3]);
    }
    public void actionPerformed(ActionEvent e) {
        if (e.getSource() == bt) {
            if (tf1.getText().equals("admin")
                    && (tf2.getText()).equals("admin")) {
                StudentGui.card.next(StudentGui.cp);
            } else {
                JOptionPane.showMessageDialog(StudentGui.cp,
                        "密码错误!","密码错误",
                        JOptionPane.WARNING_MESSAGE);
            }
        }
    }
}
```

—— 查询模块 search.java

```
//=======================
// search.java
//=======================
import java.awt.*;
import java.awt.event.*;
```

```
import java.io.IOException;
import java.sql.*;
import javax.swing.*;
public class search implements ActionListener, ItemListener {
  JLabel lb[], lable, lable1;
  JPanel pan[];
  JComboBox cmb;
  JTextField tf1, tf[];
  JButton bt, handin;
  CardLayout card;
  Connection con;
  Statement s;
  private RSTable table;
  private JTextArea jta;
  public search() throws IOException {
      cmb=new JComboBox();
      cmb.addItemListener(this);
      card=new CardLayout();
      tf1=new JTextField(10);
      tf1.setEditable(false);
      lable=new JLabel("查找模式:");
      lable.setHorizontalAlignment(JLabel.CENTER);
      lable.setForeground(Color.red);
      lable.setFont(new Font("华文行楷", Font.BOLD, 30));
      bt=new JButton("下步");
      bt.setIcon(new ImageIcon(" but1.gif "));
      bt.addActionListener(this);
      handin=new JButton("提交");
      handin.addActionListener(this);
      lb=new JLabel[7];
      for (int i=0; i < lb.length; i++) {
          lb[i]=new JLabel("", JLabel.RIGHT);
      }
      tf=new JTextField[2];
      for (int i=0; i < tf.length; i++) {
          tf[i]=new JTextField(3);
      }
```

```
pan=new JPanel[7];
for (int i=0; i < pan.length; i++) {
    pan[i]=new JPanel();
}
lb[0].setText("选择查找方式:");
pan[0].setLayout(card);
pan[1].setLayout(new GridLayout(3, 1, 0, 20));
pan[2].setLayout(new FlowLayout());
pan[3].setLayout(new FlowLayout());
cmb.addItem("查找指定学号学生");
cmb.addItem("查找范围学号学生");
pan[2].add(lb[0]);
pan[2].add(cmb);
pan[3].add(bt);
pan[1].add(lable);
pan[1].add(pan[2]);
pan[1].add(pan[3]);
lable1=new JLabel("输入查找学生信息:", JLabel.CENTER);
lable1.setFont(new Font("华文行楷", Font.BOLD, 30));
lb[1].setText("学号:");
lb[2].setText("姓名:");
pan[4].setLayout(new BorderLayout());
pan[5].setLayout(new GridLayout(4, 3, 0, 70));
pan[6].setLayout(new FlowLayout());
pan[5].add(new JLabel("  "));
pan[5].add(new JLabel("  "));
pan[5].add(new JLabel("  "));
pan[5].add(lb[1]);
pan[5].add(tf[0]);
pan[5].add(new JLabel("  "));
pan[5].add(lb[2]);
pan[5].add(tf[1]);
pan[5].add(new JLabel("  "));
pan[6].add(handin);
pan[4].add(" North ", lable1);
pan[4].add(" Center ", pan[5]);
pan[4].add(" South ", pan[6]);
```

```
        String qs=" select * from student ";
        try {
          table=new RSTable(qs );
          jta=new JTextArea( qs, 2, 100 );
          jta.setWrapStyleWord( true );
          jta.setLineWrap( true );
          jta.setFont(new Font("宋体",Font.PLAIN,13));
          JScrollPane scrollPane=new JScrollPane(jta,
            ScrollPaneConstants.VERTICAL_SCROLLBAR_AS_NEEDED,
            ScrollPaneConstants.HORIZONTAL_SCROLLBAR_NEVER );
          JLabel jl=new JLabel(
            "<Html><Font color=red>输入 SQL 语句:");
          JButton jb=new JButton(
            "<Html><Font color=blue>查询:");
          JPanel jp=new JPanel();
          jp.setLayout(new BorderLayout());
          jp.add(jl,BorderLayout.WEST);
          jp.add(scrollPane,BorderLayout.CENTER);
          jp.add(jb,BorderLayout.EAST);
          JTable resultTable=new JTable(table);
          resultTable.getTableHeader().setBackground(Color.blue);
          resultTable.getTableHeader().setForeground(Color.orange);
      pan[4].add( jp, BorderLayout.NORTH );
      pan[4].add( new JScrollPane(resultTable),
        BorderLayout.CENTER );
      jb.addActionListener(this);
        }catch( ClassNotFoundException e) {
        JOptionPane.showMessageDialog( null,
          "数据库驱动程序未找到! ","驱动程序",
          JOptionPane.ERROR_MESSAGE );
          System.exit(1);
        }catch (SQLException e) {
       JOptionPane.showMessageDialog( null,
          "数据库错误! ","数据库错误",
          JOptionPane.ERROR_MESSAGE );
          System.exit(1);
        }
```

```
        pan[0].add("card2", pan[4]);
    }
    public void actionPerformed(ActionEvent e) {
        try {
            table.setQuery(jta.getText());
        }catch (SQLException se) {
            JOptionPane.showMessageDialog( null, se.toString(),
            "数据库错误",JOptionPane.ERROR_MESSAGE );
            }
    }
    public void itemStateChanged(ItemEvent e) {
        if (cmb.getSelectedIndex() == 1) {
            tf1.setEditable(true);
        } else
            tf1.setEditable(false);
    }
    public void lookup(String id, String name) throws SQLException {
        PreparedStatement ps=con
                .prepareStatement("delete from student where sno=? ");
        ps.setString(1, id);
        JOptionPane.showMessageDialog(StudentGui.cp, ps, "查找结果",
                JOptionPane.PLAIN_MESSAGE);
        s.close();
        con.close();
    }
}
//=========================
```

三、实验思考

1. 自主进一步完善 Java+MySQL 环境下的学生信息管理系统。

2. 分析微型信息系统和中大型信息系统研发过程的异同。

3. 对于“商品销售”数据库，利用 Java 和 MySQL 自行设计和实现一个中型多功能的商品销售管理系统。

4. 总结研发一个功能完善的信息管理系统的关键。

5. 对实验进行评价，分析合理和不足之处，给出改进方案和注意事项等。

附录　实验报告模板

信 息 学 院 实 验 报 告

学　号	S120101	姓　名	郭中秋	班　级	统计 1201
实验名称	建立数据库			指导教师	赵明月
实验目的	熟练掌握数据库的设计与实现。				
实验内容	1. 熟练掌握设计和创建数据库及其表。 2. 使用管理工具和 MySQL 语句两种方式创建数据库及其表。				
实验要求	撰写预备知识、流程框图、实验步骤、核心程序、存在问题等。				

具体内容：

1. MySQL 5.5 和 MySQL Workbench 5.2 的安装。

MySQL 和 MySQL Workbench 的启动和退出。

2. 利用 MySQL Workbench 创建数据库。

(1)使用 MySQL Workbench 编辑数据库。

(2)使用 MySQL Workbench 编辑表结构。

(3)使用 MySQL Workbench 编辑表内容。

3. 利用 MySQL 语句编辑创建数据库。

(1)使用 MySQL 语句编辑数据库。

(2)使用 MySQL 语句编辑表结构。

(3)使用 MySQL 语句编辑表内容。

预备知识：

1. 下载 MySQL 5.5 和 MySQL Workbench 5.2。
2. 复习数据库系统设计的理论、方法和步骤。
……

流程框图：

1. 建立数据库的流程图如图 1 所示(图从 1 开始依次编号)。

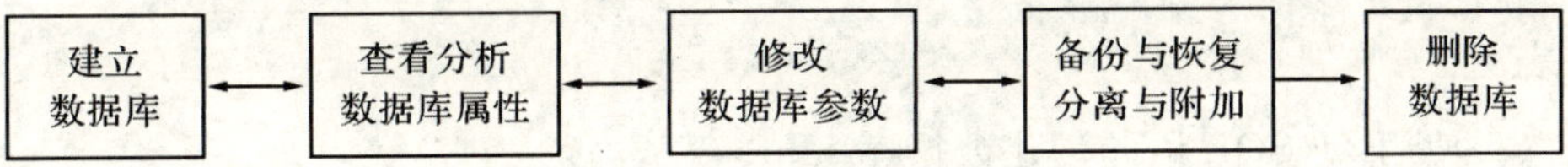

图 1 建立数据库流程图

……

注意：图的编号从 1 开始依次编号；每个图均要有标题，且标题在图下方。
2. 建立表的流程图如图 2 所示。

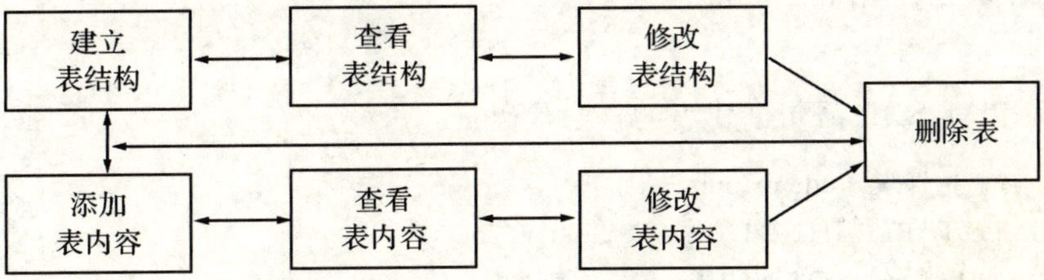

图 2 建立表流程图

……

3. 表的逻辑结构如表 1 所示(表从 1 开始依次编号)。

表 1 职工表结构

属性名	存储代码	类型	长度	备注
学号	SNo	CHAR	6	
姓名	SName	CHAR	8	
性别	SSex	CHAR	2	

……

注意：表的编号从 1 开始依次编号；每个表均要有标题，且标题在表上方居中。

实验步骤：

1. 启动 SSMS

开始→所有程序→MySQL→MySQL MySQL Workbench 5.2 CE。

2. 建立数据库

(1)使用 MySQL Workbench 创建数据库 SInfo

① 展开服务器和相应数据库

◆ 新建数据库

◇ 编辑数据库

具体内容参考范例，自行补充。

……

(2)使用 MySQL 语句创建数据库 SInfo

具体内容参考范例，自行补充。

……

核心代码：

1. 利用 MySQL 语句创建数据库的核心代码：

```
CREATE DATABASE SInfo
……
```

2. 利用 MySQL 语句创建表的核心代码：

```
—— 建立选课表 StudentCourse
CREATE TABLE IF NOT EXISTS StudentCourse(
  SNo CHAR(6) NOT NULL
      REFERENCES Student(SNo)
      ON DELETE CASCADE
      ON UPDATE CASCADE,
  CNo CHAR(4) NOT NULL
      REFERENCES Course(CNo)
      ON DELETE CASCADE
      ON UPDATE CASCADE,
  Grade TINYINT(1) DEFAULT NULL
      COMMENT '取值范围只能是 0－100 ' CHECK (Grade>=0 AND Grade<=100),
  PRIMARY KEY (SNo,CNo));
……
```

存在问题：

1. 完整性控制机制的主语言级联控制需要加强，等等。

说明：每一部分内容的层次编号依次为："1."→"(1)"→"①"→"◆"→"◇"等。内容字体统一为宋体五号，固定行距20磅。每一部分的标题不编号，字体为加粗小四宋体，固定行距20磅，段前段后0.5行。纸张规格：A4纸。其他默认。

参考文献

[1] Sheidon R,G Moes. Beginning MySQL[M]. Wiley Publishing,Inc. 2005.

[2] Naramore E, J Gerner, Y L Scouarnec. Beginning PHP5, Apache, and MySQL Web Development[M]. Wiley Publishing,Inc. 2005.

[3] Rogers D F. Procedural Elements for Computer Graphics[M]. McGraw-Hill,1998.

[4] S Henry,F Korth, S Sudarshan. Database System Concepts[M]. McGraw-Hill,2006.

[5] Vaswani V. PHP & MySQL[M]. McGraw-Hill,2005.

[6] 韩培友.数据库技术[M]. 西安：西北工业大学出版社,2008.

[7] 韩培友. IDL 可视化分析与应用[M]. 西安：西北工业大学出版社,2006.

[8] 韩培友,董桂云.图像分析[M]. 西安：西北工业大学出版社,2009.

[9] 韩培友,董桂云. 数据库技术习题与实验[M]. 杭州:浙江工商大学出版社,2010.

[10] Stephens R K,R R Plew. 数据库设计[M]. 北京:机械工业出版社,2001.

[11] Craig S Mullins. 数据库管理——实践与过程[M]. 北京:电子工业出版社,2003.

[12] Groff J R,P N Weinberg. SQL 完全手册[M]. 北京:电子工业出版社,2003.

[13] 王珊, 萨师煊. 数据库系统概论[M]. 北京:高等教育出版社,2006.

[14] 郑阿奇. MySQL 实用教程[M]. 北京:电子工业出版社,2010.

[15] Ullman J D,J Widom. 数据库系统实现[M]. 北京:机械工业出版社,2002.

[16] Connolly M,E Begg. 数据库设计教程[M]. 北京:机械工业出版社,2003.

[17] 刘永.信息系统分析与设计[M].北京:科学出版社.2005.

[18] 徐人凤,韩枫.关系数据库基础[M].北京:高等教育出版社,2007.

[19] 张敏,徐震,冯登国.数据库安全[M].北京:科学出版社.2005.

[20] 黄德才.数据库原理及其应用教程[M].北京:科学出版社.2006.

[21] Ullman J D,J Widom.数据库系统基础教程[M].北京:机械工业出版社,2003.

[22] 雍俊海.Java程序设计[M].北京:清华大学出版社.2009.

[23] Kofler M. The Definitive Guide to MySQL 5[M]. Springer Verlag New York,2005.

[24] Converse T,J ark. PHP5 and MySQL Bible[M]. Wiley Publishing, Inc. 2004.

[25] 姜承尧.MySQL技术内幕:InnoDB存储引擎[M].北京:机械工业出版社,2010.

[26] R J T Dyer. MySQL In a Nutshell[M]. O'Reilly Media,Inc,2009.